Christina Heß

CHRISTINA
MACHT
WAS

Veggie. Lecker. Anders.

Jan Thorbecke Verlag

VERLAGSGRUPPE PATMOS

PATMOS
ESCHBACH
GRÜNEWALD
THORBECKE
SCHWABEN

Die Verlagsgruppe
mit Sinn für das Leben

Für die Schwabenverlag AG ist Nach-
haltigkeit ein wichtiger Maßstab ihres
Handelns. Wir achten daher auf den Einsatz umweltschonender Ressourcen und
Materialien.

Gestaltung: Finken & Bumiller, Stuttgart
Druck: Firmengruppe APPL, Wemding
Hergestellt in Deutschland
ISBN 978-3-7995-1039-4 (Print)
ISBN 978-3-7995-1044-8 (eBook)

INHALT

VORWORT

➤→ MEINE LIEBEN LESER, so starte ich seit August 2012 jeden Blogpost – und dass ich das irgendwann mal schreibe, um es in einem Buch zu lesen, kann ich immer noch nicht fassen. Hätte mir damals jemand an diesem schicksalhaften Tag, als ich meinen Blog, unter einem Apfelbaum im Garten meiner Eltern liegend, startete, gesagt, dass ich irgendwann mal ein Kochbuch schreiben würde ... Tja, ich hätte wahrscheinlich nur milde gelächelt und abgewunken.

Und so möchte ich dir, wertem Leser, erzählen, wie es überhaupt so weit kam, dass du nun dieses Buch in den Händen halten darfst.

Alles begann Mitte 2004. Denn in diesem Jahr beschloss ich (im zarten Alter von 14) holterdiepolter Vegetarierin zu werden. Meine Mutter und ich fuhren zu weiter entfernt lebenden Verwandten, und ich sah auf der Autobahn einen Tiertransporter nach dem anderen. Wir setzten uns in der Schule zu diesem Zeitpunkt gerade mit Tieren auseinander und schauten z.B. auch Peta-Videos. Der Gedanke, Tiere nicht mehr essen zu wollen, schwirrte also schon länger in meinem Kopf herum. Nach dem gefühlt 100. Transporter reichte es mir und ich sagte zu meiner Mutter: »Ab heute esse ich kein Fleisch mehr.« Sie sah mich etwas verdutzt an, sagte aber weiter nichts dazu. Also zog ich es von diesem Tag an durch – meine erste Amtshandlung als waschechte Vegetarierin war es, die Salami von meinem mitgebrachten Brötchen zu nehmen und es als Butterbrot zu vertilgen. Abends grillten wir dann bei meinen Verwandten, und auch da blieb ich standhaft und aß eben nur Beilagen. Seit diesem Tag habe ich kein Lebewesen mit einem Gehirn und Augen, die diese Welt genauso sehen wie ich, mehr gegessen.

Ich muss vielleicht erwähnen, dass ich in Nordhessen lebe. Dort, umgeben von Fleischessern und Ahle-Wurscht-Fanatikern, war ich also als Vegetarierin ziemlich allein auf weiter Flur. Und auch in meiner Familie war ich allein mit meinen neuen Idealen. Gott sei Dank sind sie eigentlich alle ziemlich tolerant, und bis auf ein paar Täuschungsmanöver meiner Mum am Anfang (»Neeeein, da ist kein Speck dran ...«) akzeptierten sie es alle nach und nach. Nun war 2004 nicht 2016, und das Angebot an vegetarischen Alternativen war sehr begrenzt. Mein erstes Mal Tofu war auch so gar nicht von Erfolg gekrönt, und ich bin auch heute nicht daran interessiert, viel Soja in meine tägliche Ernährung aufzunehmen. Ich musste mich also damals selbst mit dem Kochen und Zubereiten meiner Speisen beschäftigen; und das war das Beste, was mir passieren konnte. Denn genau das entfachte meine Leidenschaft fürs Kochen & Backen und die gipfelt heute und hier in diesem Büchlein.

Ich möchte auf keinen Fall, lieber Leser, dass du denkst, das hier soll ein Manifest der Tierrechte sein. Denn ich habe bisher genau zwei Dinge während meines Vegetarierdaseins gelernt:

1. MISSIONIEREN BRINGT NICHTS – UND
2. DES MENSCHEN WILLE IST SEIN HIMMELREICH.

Ich möchte keine Fleischwurst oder Gelatine untergejubelt bekommen, also juble ich keinem eine Tofuwurst unter.

Jeder soll so essen, wie er es möchte und wie er es mit seinem Gewissen vereinbaren kann. Allerdings freue ich mich, dass du anscheinend Interesse an der vegetarischen Küche hast, da du dir gerade diese endlosen Zeilen hier durchliest.

Als Vegetarierin kann ich es allerdings niemandem so richtig Recht machen: Den Fleischessern mache ich Umstände und den Veganern gehe ich nicht weit genug. Man kann in dieser Welt, in der es immer einen gibt, der gesünder isst, nicht gewinnen. Und das will ich auch gar nicht. Ich liebe überbackene Dinge mit massig fettigem Käse – dass ich das nicht täglich esse, ist klar. Aber weißt du was, werter Leser? Nach über 10 Jahren der vegetarischen Ernährung wiege ich nicht 45 Kilogramm & bin nicht an Mangelerscheinungen gestorben (wie von manchen netten Menschen prophezeit), sondern habe eine normale Figur – vielleicht ja sogar das eine oder andere Pfund zu viel (ich rechne ja täglich mit einem Kidnapping-Versuch, da kann das nicht schaden). Ich kann mich ausreichend ernähren, habe Einiges an Wissen über Ernährung angehäuft und kann meine Meinung anderen gegenüber vertreten. Und das Allerwichtigste: Ich genieße mein Essen wie niemals zuvor. Ich denke, mich hat meine Lebensweise zu einem besseren Menschen gemacht – nicht besser als andere, versteh' mich nicht falsch, sondern zu einem besseren Ich. Ich bin bei mir angekommen, weiß wer ich sein will, liebe meinen Lebensstil und stehe dazu.

Meine Entscheidung an diesem Tag im Jahr 2004 ist der Grund, wieso du, werter Leser, heute dieses Buch in deinen Händen hältst. Aber nun genug der Worte: Lass es dir schmecken & besuch mich doch mal auf meinem Blog!

PS: Alle Bilder in diesem Buch wurden von mir geschossen – ich lege Wert auf leckere Rezepte und versuche, mein Gericht so gut es geht in Szene zu setzen. Viele vergessen, dass Foodblogger ihr gekochtes Essen auch gerne warm essen, also lässt man sich mit den Fotos nicht stundenlang Zeit. Ich habe kein Studio und keine Foodstylisten, die mir alles schön drapieren. Nein, diese Fotos sind genauso wie die auf meinem Blog entstanden: mit viel Liebe & bei mir zu Hause. Ich habe mir wirklich Mühe gegeben, sie so abwechslungsreich wie möglich zu gestalten, und ich hoffe, sie gefallen dir genauso wie mir.

BASICS & TIPPS

Ein paar Kleinigkeiten bevor wir starten:

♥ Keine halben Sachen – Butter muss Butter bleiben. Wenn ihr Halbfett- oder Diätprodukte verwendet, werden eure Backwerke nichts, und das wäre doch wirklich schade.

♥ Wenn ich in Rezepten Vanille schreibe, meine ich gemahlene Vanilleschoten aus dem Reformhaus/Bioladen. Investiert die paar Euro und tut eurem Backwerk den Gefallen.

♥ Ich backe mit Heißluft/Umluft. Sollte es mal anders sein, schreibe ich euch das im Rezept dazu.

♥ Jeder Ofen ist anders. Verlasst euch bitte nicht nur auf die Zeitangaben hier in den Rezepten, sondern lasst eure Intuition spielen. Eine Stäbchenprobe ist immer hilfreich.

♥ Ihr braucht keine 10.000 Euro-Küche, um tolle Gerichte zu zaubern, allerdings solltet ihr vielleicht darüber nachdenken, ob ihr euer Geld in gutes Küchenequipment anlegen wollt. Ihr braucht für einige meiner Rezepte einen sehr guten Mixer (ab ca. 30.000 Umdrehungen, auch Hochleistungsmixer genannt). Ja, sie sind eine Investition – aber es lohnt sich. Meine KitchenAid würde ich auch für nichts auf der Welt hergeben (und die habe ich mir zusammengespart!).

♥ Nehmt euch ZEIT zum Backen & Kochen! Ständig lese ich nur: »Hat jemand ein ganz schnelles Rezept für XY?! Habe absolut keine Zeit und will keinen Aufwand!« – Nunja. Dann lasst es gleich bleiben. Wenn ich unter Zeitdruck stehe, gelingt mir nie ein Kuchen … Daher plant rechtzeitig Backzeit ein und schafft euch Freiräume für kreatives (und zeitdruckloses) Kochen/Backen.

♥ Nehmt keine minderwertigen Back- & Kochzutaten. Man kann nicht erwarten, dass ein Backwerk hervorragend schmeckt, wenn man ranziges Mehl oder schimmlige Hefe verwendet.

♥ Und last but not least: Lest euch meine Rezepte bitte immer zuerst komplett durch, bevor ihr loslegt.

HEFETEIG 1 × 1

Hefeteig kann manchmal etwas störrisch sein, daher habe ich mal ein paar Tipps zusammengeschrieben, die euch bestimmt helfen werden.

Fangen wir damit an, dass Hefebakterien Lebewesen sind. Sie fühlen sich als Würfel im Kühlschrank wohl, aber zu krasse Temperaturunterschiede überleben sie nicht. Bakterien ernähren sich mit Vorliebe von Zucker; zu viel Salz mögen sie nicht. Grundregel ist beim herzhaften Hefeteig: 2 g Salz pro 100 g Mehl (ansonsten nur 1 Prise).

DAS HEISST:

- Hefewürfel bis zur Verwendung im Kühlschrank aufbewahren und immer mal wieder auf Schimmel untersuchen.
- Hefewürfel mit lauwarmen Wasser und einer Prise Zucker auflösen.
- Hefeteig an einem normal warmen Fleckchen in der Küche in Ruhe gehen lassen.
- Hefeteig immer gut durchkneten.
- 500 g Mehl auf ½ Würfel Hefe oder 7 g (ca. 1 TL) Trockenhefe.

So. Das war's schon. Ich stelle meinen Teig einfach in der Schüssel in meine Küche auf die Arbeitsfläche – nix mit bei 50 °C in den Ofen (was eine Energieverschwendung!) oder an einen besonders warmen Platz. Nonsens! Meiner geht immer hoch, auch wenn er keine Extrabehandlung bekommt.
Ich mag das mit den Kuhlen im Mehl nicht, also löse ich meine Hefe in einem Messbecher auf und verwende ihn hinterher, um meine restlichen flüssigen Zutaten abzumessen. Dann kommt auch der letzte Rest Hefe mit in den Teig.
Außerdem ist es wichtig, dass ihr den Teig erst dann richtig würzt, wenn die Gehzeit vorbei ist. Größere Mengen Salz etc. also erst dann hinzugeben, wenn ihr ihn verwenden wollt.
Erstmal das Grundrezept für herzhafte Pizzen, Zwiebelkuchen, Pizzaröllchen, Brötchen …

Für 1 Blech oder 2 runde Pizzen

ZUTATEN

½ Würfel frische Hefe oder 7 g Trockenhefe
1 Prise Zucker
400–500 g Mehl (egal ob Vollkorn, halb Weißmehl und halb
 Vollkorn oder mit ein bisschen Maismehl bzw. Grieß)
8–10 g Salz
3–5 EL Olivenöl
ca. 200–300 ml Wasser

ZUBEREITUNG

Den Hefewürfel mit etwas lauwarmem Wasser und einer Prise Zucker in einen
Messbecher geben und umrühren, damit er sich auflöst. Das Mehl und das Salz in
eine große Schüssel geben und vermischen. Das Olivenöl in das Hefewasser geben,
verrühren und auf das Mehl gießen. Einen Knethaken in die Maschine spannen
oder mit der Hand anfangen zu kneten. Nach und nach Wasser hinzugeben, bis der
Teig sehr geschmeidig und nicht mehr trocken, aber auch nicht klebrig ist. Bei
z.B. Vollkornteig kann es sein, dass ihr etwas mehr Wasser braucht, aber das
werdet ihr beim Kneten schon sehen.
Wenn der Teig die gewünschte Konsistenz hat, die Ränder der Schüssel mit ein
bisschen Öl benetzen. Den Teig jetzt erst einmal 1 Stunde in Ruhe gehen lassen;
dazu einfach in der Küche auf die Arbeitsplatte stellen, mit einem leicht feuchten Küchenhandtuch bedeckt (schützt vor dem Austrocknen).
Nach dieser Stunde könnt ihr jetzt auch jede Menge Gewürze hinzufügen, um eurem
Teig einen Extrakick zu geben: Käse, Paprikapulver, Chili, mehr Salz, Knoblauch
oder doch lieber Rosmarin & Lavendelblüten? Der Kreativität sind hier keine
Grenzen gesetzt.
Backt ihr z.B. einen Blechkuchen oder eine Blechpizza, so braucht ihr bei
ca. 180–200 °C Ober- und Unterhitze etwa 45–60 Minuten zum Durchbacken. Ihr müsst
auf jeden Fall Garproben durchführen – und ich würde euch sowieso eher zu einzelnen runden Pizzen raten, denn dann werden sie knuspriger (siehe Seite 130).

UM DEN TEIG FÜR DIE SÜSSE VARIANTE ABZUWANDELN, benutzt ihr einfach statt Olivenöl ein ge-
schmacksneutraleres Öl wie z.B. Sonnenblumenöl. Außerdem füge ich ca. 50–100 g
Zucker hinzu; je nachdem, wie süß der Teig werden soll. Aber ansonsten bleibt
alles genau gleich. Ein guter Hefeteig braucht nicht Tausende von Zutaten, die
können obendrauf noch genug glänzen.

QUARK-ÖL-TEIG 1 × 1

Meine zweitliebste Teigsorte ist der Quark-Öl-Teig. Ich nehme ihn immer dann, wenn keine Zeit für einen Hefeteig ist oder ich einen Teig brauche, der nicht so aufgeht wie ein Hefeteig, sich aber genauso verarbeiten lässt. Auch nehme ich diesen Teig um Einiges lieber für Obst-Blechkuchen, denn er wird beim Backen nicht so staubtrocken wie Hefeteig.

Für 1 Backblech

ZUTATEN
250 g Magerquark
6 EL Sonnenblumenöl
6 EL Milch
400 g Mehl
½ Pk. Backpulver
1 TL Salz

ZUBEREITUNG
Alles zu einem Teig kneten und sofort verwenden.
Süße Variante: noch 100 g Zucker hinzufügen und das Salz auf eine Prise reduzieren.
Ich kann mich dunkel daran erinnern, dass in den 90er-Jahren mit diesem Teig Pizzen gemacht wurden. Das empfehle ich euch allerdings absolut nicht …

MÜRBETEIG 1 × 1

Ich gebe euch hier ein Grundrezept an die Hand, das bisher noch jedes Mal funktioniert hat. Und es ist so einfach ... Dieses Rezept ist ausreichend als Boden für zwei normale runde Formen oder für eine Pie mit Deckel.

ZUTATEN

400 g Mehl
1 Prise Salz
1 Prise Zucker
200 g kalte Butter
1 Ei
1 kleine Eierschalenhälfte voll Wasser

ZUBEREITUNG

Gebt das Mehl, das Salz und den Zucker in eine Schüssel. Schneidet die Butter in kleine Stückchen, gebt sie in die Schüssel und bedeckt die Butterstückchen mit Mehl. Zerreibt sie zusammen mit dem Mehl zwischen den Fingern. Es ist am Anfang etwas mühsam, aber es ist die Mühe wert. Das Ziel ist es, kleine Butterflöckchen zwischen dem Mehl zu haben. Je kleiner sie sind, desto schöner wird hinterher der Boden für eure Pie, Tarte oder Quiche. Ihr solltet dafür allerdings nicht zu lange brauchen, denn die Butter soll nicht in euren Händen schmelzen. Wenn ihr mit den Flöckchen zufrieden seid, gebt das Ei in eure Schüssel und nehmt die kleinere von euren Eierschalenhälften und füllt sie mit kaltem Wasser. Gebt dieses ebenfalls zu eurem Teig, und nun heißt es kneten, was das Zeug hält. Sobald der Teig schön zusammengeknetet ist, umhüllt ihr ihn mit Frischhalte-folie und legt ihn für mindestens 30 Minuten in den Kühlschrank.
Ich mag es z.B. bei einer herzhaften Quiche, noch ein paar Kräuter oder etwas frischen Knoblauch mit in den Teig zu machen.
Wenn ihr den Teig dann ausrollen wollt, schneidet ihn in zwei Teile und rollt ihn mit reichlich Mehl dünn aus (ca. 0,5 cm oder dünner).
Ihr könnt diesen Teig hervorragend einfrieren.
Wenn eure Füllung sehr flüssig ist, wie z.B. eine Eierfüllung bei einer Quiche, bietet es sich an, den Mürbeteigboden blind vorzubacken. Das bedeutet nichts anderes, als dass ihr euren Teig ausrollt, ihn in eine gefettete Form legt, ihn mit etwas Backpapier innen auskleidet und »Blindbackbohnen« daraufgebt. Ich nehme einfach alte Kichererbsen, die mal irgendwann gekauft wurden, aber nie Verwendung fanden. Es gibt aber auch teure Blindbackbohnen aus Keramik im Fachhandel, falls jemand gern mehr Geld ausgeben möchte. Der Sinn der Bohnen ist einfach nur, dass der Teig beim Backen nicht hochkommt. Ich fülle meine Blindbackbohnen dann einfach wieder in ein Glas, lasse sie nach Gebrauch auskühlen und stelle sie dann wieder in meine Speisekammer. Ich backe meinen Mürbeteig immer bei 180 °C ca. 10–15 Minuten vor. Füllt danach dann eure Füllung in die Form und backt die Quiche o.Ä. nach Rezept weiter.

KAPITEL 1

KOPF: lecker & gesund

→ In der heutigen Zeit nimmt die gesunde Ernährung viel Platz in unseren Köpfen ein. Wir versuchen uns gesünder zu ernähren, und alle naselang kommt eine neue Studie heraus, die uns zeigen will, wie wir essen sollen. Mal ist's wie der Urmensch (Paläo), mal vegan, mal ohne Kohlenhydrate. Ich denke, dass die Menge und die Ausgewogenheit unserer Ernährung eine große Rolle spielt, und daher habe ich in diesem Kapitel ein paar leckere und vielleicht ein bisschen gesündere Rezepte für euch gesammelt. Sie schmecken alle hervorragend, wie ich finde. Aber ich bin da ja auch eher voreingenommen ...

NICECREAM

NICECREAM ist in der amerikanischen »veganen Szene« mittlerweile ein ganz großes Ding. Und sie ist ja auch so dermaßen lecker und mit keinem schlechten Gewissen verbunden. Wieso habe ich da eigentlich nicht schon früher dran gedacht? Man kommt sich aber nicht so vor, als würde man etwas Gesundes essen …

Für jeweils 2–3 Portionen

BEEREN & GRANATAPFEL (LINKS)
1 Handvoll TK-Beeren
1 gefrorene Banane
4 EL Granatapfelkerne (optional)
2 EL Naturjoghurt
Falls Saison ist: 4-5 frische
  Erdbeeren

ANANAS & BANANE (OBEN)
ca. 200 g gefrorene Ananas
1 gefrorene Banane
2 EL Naturjoghurt

MANGO & KOKOS (RECHTS)
gefrorenes Fruchtfleisch
von 1 Mango
50–100 ml Kokosnussmilch
  (z.B. aus dem Tetrapack)

ZUBEREITUNG
VORSICHT, HIERFÜR WIRD EIN HOCHLEISTUNGSMIXER BENÖTIGT!
Gebt alle Zutaten für eure Nicecream noch gefroren in euren Mixer und mixt so lange, bis euch die Konsistenz gefällt (meistens nur einige Sekunden). Schnell essen, nicht wieder einfrieren (wird ziemlich hart …).

TIPP ➟ Ich friere Bananen ein, sobald sie anfangen braun zu werden. So kann ich sie als Nicecream essen, und sie werden nicht schlecht.
Statt gefrorene Früchte zu kaufen, kaufe ich die Früchte, die im Angebot sind und gerade Saison haben. Nur noch portionieren, einfrieren, und ihr habt eine große Auswahl immer griffbereit. Und es ist um Einiges günstiger!

FRUCHTRIEGEL
SELBST GEMACHT

Diese Fruchtriegel gibt es ja von zahllosen Firmen. Mir sind sie allerdings immer zu süß – und als mein Patenkind in das Alter kam, in dem er solche Riegel gerne aß, probierte ich einfach mal rum. Ich nehme diese Riegel in einer Tupperdose auch für unterwegs oder zum Sport mit. Sie liefern schnelle Energie, und ich weiß genau, was drin ist. Hierfür bitte ungezuckerte Trockenfrüchte verwenden!

Für jeweils ca. 6 Riegel

ZUTATEN

30 g getrocknete Cranberrys
30 g Rosinen
30 g Cashewkerne
5 g Kokosöl
1 EL Wasser
2 EL Kokosflocken
2 große rechteckige Backoblaten

ODER

30 g getrocknete Sauerkirschen
30 g getrocknete Datteln
10 g getrocknete Maulbeeren
20 g Cashewkerne
5 g Kokosöl
1 EL Wasser
2 EL gepuffter Amarant
2 große rechteckige Backoblaten

ZUBEREITUNG

Alle Zutaten (bis auf den gepufften Amarant und die Oblaten) in einen Messbecher geben und mit einem Zauberstab mit viel Bums (Power!) pürieren, bis die gewünschte Konsistenz erreicht ist. Keine weitere Flüssigkeit hinzufügen! Den gepoppten Amarant gebe ich erst zur Masse, wenn sie schon püriert ist, denn sonst würde er seine leichte und lockere Konsistenz verlieren.
Dann noch auf einer Oblate verteilen, eine zweite darauflegen, andrücken und in Riegel schneiden. Luftdicht verpacken und genießen.

TIPP ➟ Die 60 g Trockenfrüchte sind variabel austauschbar – die Cashews können gern durch andere Nüsse ersetzt werden. Das soll nur ein Grundrezept sein, also lasst eurer Fantasie freien Lauf!

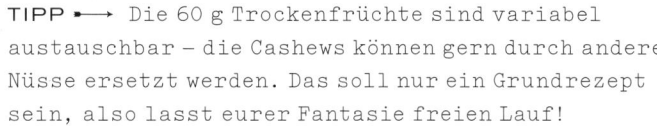

WAFFELN
MIT NUR 3 ZUTATEN (OHNE ZUCKER)

Als ich diese Waffeln zum ersten Mal machte, war ich wirklich gespannt, ob nur Hafer und Banane ein leckeres Frühstück abgeben. Und ja, das tun sie wirklich. Dazu auch noch leckere Nicecream, und ihr seid im Frühstückshimmel – ganz ohne hinzugefügten Zucker.

Für 2 große Waffeln

ZUTATEN
350 g Haferflocken
500 ml Wasser
1 große, reife Banane

DAZU
Nicecream von Seite 16

ZUBEREITUNG
Gebt die Haferflocken, das Wasser und die Banane in einen Mixer und mixt so lange, bis ein geschmeidiger Teig herauskommt. Er kann etwas klebrig sein, das ist aber nicht schlimm. Wer will, gibt dem Teig noch eine Prise Zimt hinzu – das ist aber kein Muss. Backt diese Waffeln nun im Waffeleisen ca. 5 Minuten, bis sie knusprig braun sind. Lasst sie auf einem Kuchengitter etwas auskühlen.
Dieses Rezept ergibt im KitchenAid-Waffeleisen zwei große Waffeln.
Währenddessen bereitet ihr euch eine Nicecream nach euren Wünschen zu (z.B. wie auf Seite 16) und serviert die Waffel mit 1 oder 2 Löffeln der Nicecream und eventuell noch etwas geschnittener Banane.

TIPP ▸ Je heißer euer Waffeleisen wird, desto besser ist es für dieses Rezept. Omas altersschwaches Herzcheneisen wird mit diesem Rezept hier nicht glücklich.

VEGANE CASHEW-
KÄSEKÜCHLEIN

An sich sollte man diese Küchlein nicht als Käsekuchen bezeichnen, ich weiß. Aber magische Kokos-Küchlein hört sich doch etwas übertrieben an, oder? Diese Küchlein sind allerdings wahre Magie – cremig, lecker und einfach nur ein absolutes Suchtmittel.

Für 4–6 Küchlein

KÄSEKUCHENMASSE

200 g Cashewkerne
80 g Kokosöl
125 g Kokosnussmilch (nur den
  weißen, cremigen Teil aus der
  Dose)
60 ml Limettensaft
1 Prise Vanille
100 g Agavendicksaft

BODEN

150 g ganze Mandeln
6 Datteln
1 TL Kokosöl
1 Prise Salz

AUSSERDEM

frische Beeren zum Garnieren

ZUBEREITUNG

Gebt die Cashewkerne in eine Schüssel, übergießt sie mit kochendem Wasser und lasst sie eine halbe Stunde ziehen/einweichen. Gebt alle Zutaten für den Boden in einen Mixer/Küchenmaschine und mixt so lange, bis ihr mit der Konsistenz zufrieden seid. Teilt die Masse auf vier Tartelette-Förmchen auf. Dessert-Ringe sind auch hervorragend dafür geeignet. Drückt den Boden fest an und stellt die Förmchen dann beiseite.
Gießt das Wasser von den Cashews ab und gebt alle Zutaten für die Käsekuchenmasse in den Mixer. Mixt nun so lange, bis eine sehr cremige Masse entsteht, und füllt sie in die vorbereiteten Förmchen. Stellt sie nun für mindestens 4 Stunden (besser einfach über Nacht) in den Kühlschrank, denn erst dann werden sie fest. Garniert sie vor dem Servieren noch mit ein paar frischen Beeren, und keiner wird diesen Küchlein widerstehen können.

 TIPP ⟶ Ich muss euch sagen, ich war selbst überrascht, wie hervorragend diese Küchlein gelungen sind. Sie schmecken herrlich. Hier merkt man wieder, wie wichtig es ist, bei Rohkostrezepten einen Hochleistungsmixer zu haben. Nur so bekommt ihr die Cashew-Masse richtig cremig.

VEGANE
BOHNEN-BROWNIES

Bis vor ca. 2 Jahren konnte man mich mit Bohnen jagen. Ich hasste alles an ihnen: die Konsistenz, den Geschmack … Mittlerweile sehe ich das nicht mehr so eng und habe Mittel und Wege gefunden, Bohnen in meine Ernährung einzubauen (denn sie sind so gesund!). Als ich dann zum ersten Mal von Bohnen-Brownies las, war ich sehr irritiert. Ob das schmeckt? Ja. Sie schmecken hervorragend!

Für eine Form mit 20 × 20 cm

ZUTATEN
250 g (1 Dose) Kidneybohnen
2 TL ungesüßter Backkakao
40 g zarte Haferflocken
1 Prise Salz
80 g Agavendicksaft oder
   Ahornsirup
40 g Kokosöl, geschmolzen
2 TL Vanille
1 TL Backpulver
100 g Zartbitter-Schokoladen-
   tropfen
Schokoladenstückchen für die
   Verzierung

ZUBEREITUNG
Den Ofen auf 180 °C vorheizen. Gebt alle Zutaten – bis auf die Schokoladenstückchen – in einen Mixer und mixt so lange, bis eine geschmeidige Masse entsteht. Mischt nun mit einem Kochlöffel die Schokoladenstückchen darunter und gebt alles in eine ca. 20 × 20 cm Form. Wenn ihr möchtet, gebt nun ein paar letzte Schokoladenstückchen darüber und backt die Brownies etwa 20 Minuten. Ich mag sie so schon sehr gern, wer sie allerdings noch ein bisschen kompakter mag, stellt sie ein paar Stunden in den Kühlschrank, denn dort werden sie fester.
Ich hätte nie gedacht, das Brownies aus Bohnen schmecken könnten. Aber sie sind herrlich schokoladig & einfach nur lecker. Ich finde, sie können es mit »echten« Brownies aufnehmen – und sind dabei um Einiges gesünder.

NUSSBUTTER

Puristen lassen an ihre Nussbutter nur gewässerte und dann wieder dehydrierte Nüsse und kein zusätzliches Öl, aber dafür fehlt mir manchmal einfach die Zeit. Außerdem braucht ihr für diese Rezepte einen Hochleistungsmixer. Jeden normalen könnte es sonst dahinraffen ... Aber es lohnt sich!

Für je ca. 1 Glas à 250 ml

CASHEW-BUTTER (HINTERES GALS)
400 g Cashewkerne
3–4 TL neutrales Öl
2 Prisen Meersalz

HASELNUSSCREME (ZWEITES GLAS VON HINTEN)
250 g Haselnüsse, geröstet
4 TL Ahornsirup, Grad C (schmeckt herber)
100 g Zartbitterschokolade, geschmolzen
1 EL Backkakao
6 TL neutrales Öl
100 ml Milch
1 Prise Meersalz

PEKAN-AHORN-CREME (ZWEITES GLAS VON VORNE)
250 g Pekannüsse
3–4 TL neutrales Öl
1 Prise Meersalz
1 Prise Zimt
1 Prise Muskat
1 EL Ahornsirup

MANDELMUS (VORDERES GLAS)
400 g Mandeln, gehäutet
1–2 TL neutrales Öl

ZUBEREITUNG
Gebt alle Zutaten für die gewünschte Butter oder Creme in euren Mixer und mixt so lange auf hoher Stufe, bis euch die Konsistenz gefällt. Geduld zahlt sich hier aus (und gebt dem Mixer zwischendurch mal eine Verschnaufpause...). Ein Stößel ist beim Mixvorgang sehr hilfreich. Die reinen Nusscremes halten sich, in Gläser gefüllt, mehrere Wochen im Kühlschrank, die Aufstriche müsst ihr schneller verbrauchen.

OVERNIGHT OATS

Overnight Oats sind aus Amerika zu uns herübergeschwappt und nicht umsonst ein Internettrend geworden. Sie sind nicht jedermanns Sache, aber wenn man die richtige Zusammensetzung einmal gefunden hat, wird es euer gesundes Standardfrühstück. Ich liebe sie am nächsten Tag etwas erwärmt, also eher als Porridge. Aber versucht es selbst und findet eure Lieblingskombi.

Für je 2 Portionen

CREMIGE ZIMT-OATS (LINKS)
3 TL Cashewmus
200 ml Milch
1 EL Ahornsirup
1 TL Zimt
2 TL Chiasamen
½ TL Vanille
150 g Hafer- oder Dinkelflocken

ZITRONE-KOKOS-OATS (OBEN)
3 EL frischer Zitronensaft
1 TL Ahornsirup
2 TL Chiasamen
100 ml Kokosnussmilch
100 ml Milch
1 EL Kokosflocken
¼ TL Vanille
ein bisschen Abrieb einer Bio-
  Zitronenschale
150 g Hafer- oder Dinkelflocken

MANDEL-SCHOKOLADEN-OATS (RECHTS)
2 TL Chiasamen
1 EL Ahornsirup
2 EL Kakaopulver
1 EL Mandelmus
200 ml Milch
ca. 20 g gehackte Mandeln
150 g Hafer- oder Dinkelflocken

ZUBEREITUNG
Gebt zuerst alle Zutaten bis auf die Hafer- oder Dinkelflocken in eine Schüssel und mischt alles gut durch. Danach vermengt ihr die Flüssigkeit mit den Flocken, füllt alles in ein Schraubglas und stellt es über Nacht in den Kühlschrank. Am nächsten Morgen dann einfach mit zur Arbeit nehmen und genießen! Ich esse meine Overnight Oats am liebsten mit Milch verrührt, etwas erwärmt und mit frischem Obst (Äpfel, Banane, Erdbeeren …).

TIPP ⟶ Mögt ihr die Oats fester, macht 150 g Getreideflocken rein. Mögt ihr sie aber ein bisschen weicher, gebt nur 50–100 g Getreideflocken zur Flüssigkeit hinzu.

DREI ÖLFREIE SALATDRESSINGS

Salatdressings sind bei mir so eine Sache. Eigentlich mache ich immer nur die gleichen, aber dabei gibt es so dermaßen viele Möglichkeiten. Ich habe für euch mal drei leckere Dressings ausgetüftelt, die wieder Pepp an den Salat bringen.

ORANGEN-MOHN-DRESSING (RECHTS)

1 Schalotte
Saft von 2 (Blut-)Orangen
1 TL Honig
1 TL Zitronensaft
2 TL Apfelessig, naturtrüb
½ TL Salz
1 EL Blaumohn

ZUBEREITUNG

Die Schalotte klein hacken, den Saft der Orangen auspressen. Alle Zutaten dann vermengen und über einen Salat eurer Wahl geben. Hierzu passen: Feldsalat, Radicchio, Lollo Rosso.

CASHEW CAESAR SALAD DRESSING (MITTE)

1 EL Cashewmus
1 EL Mandelmus
2 TL Hefeflocken
2 EL frischer Zitronensaft
2 TL Kapern aus dem Glas
1 Knoblauchzehe
1 TL mittelscharfer Senf
1 Prise Salz
ca. 75–100 ml Wasser

ZUBEREITUNG

Alle Zutaten in einen Mixer geben und kräftig durchmixen. Hierzu passt: Romanasalat mit gebratenen Champignons – und dieses Dressing ist auch ein hervorragender Dip.

VEGANES THOUSAND ISLAND DRESSING (LINKS)

3 EL Cashewmus
7–8 getrocknete Tomaten, eingeweicht in heißes Wasser
1 Knoblauchzehe
2 TL Apfelessig, naturtrüb
½ TL Zwiebelpulver
½ TL Salz
eine Prise Chili
1 große Gewürzgurke

ZUBEREITUNG

Alles in einen Mixer geben und kräftig durchmixen. Benutzt das Wasser der Tomaten, um die gewünschte Konsistenz zu erhalten. Hierzu passen: Blattsalate mit Croûtons, frischer Spinat oder Grünkohl.

KAPITEL 2

NASE: *Exotisches*

→ Ich war schon immer anders. Ich trage für mein Leben gern schwarze Klamotten, habe in der Disko lieber geheadbangt als getanzt, vertrete oft etwas andere Ansichten und esse vegetarisch. Außerdem liebe ich es zu reisen und neue Dinge kennenzulernen. Neue Menschen, neue Ansichten & neue Speisen. Ich liebe es, meine Vorurteile über Bord zu werfen und meinen Horizont zu erweitern. Genau diesem Gefühl ist dieses Kapitel gewidmet. Es handelt von all den Dingen, die anders sind – scharf, fermentiert, ungewöhnlich oder einfach nur aus einem anderen Land und einer anderen Küche. Unsere Nase ist ein unverzichtbarer Teil unseres Genusses, und ohne sie könnten wir all die herrlichen Gerüche um uns herum gar nicht wahrnehmen. Schätzen wir sie doch einfach ein bisschen mehr und probieren jeden Tag etwas Neues.

KIMCHI

Kimchi. Hachja. Kimchi. Ich habe mich in diese Zubereitungsart einfach verliebt und könnte alles mit Kimchi machen. Das sagt euch gar nichts? Nicht schlimm. Kimchi kommt ursprünglich aus Korea und wird dort eigentlich zu jeder Mahlzeit gegessen. Kimchi heißt allerdings nur die Zubereitungsart (also die Haltbarmachung durch Milchsäuregärung) und kann mit fast jeder Gemüsesorte durchgeführt werden. Früher machte die einfache Bevölkerung so das Gemüse für den Winter haltbar und verschaffte sich so auch einen Vitamin-C-Vorrat für die Zeit, in der kein frisches Obst und Gemüse zu erhalten waren.

Normalerweise ist Kimchi nicht für Vegetarier geeignet, da Garnelen etc. hineingegeben werden. Für euch teile ich meine vegane – und schrecklich leckere – Version! Kimchi hält sich mehrere Monate bei kühler Lagerung.

Für 1 1-l-Drahtbügelglas

ZUTATEN

3 Köpfe Chinakohl (klein)
viel Salz
½ Apfel, süß
½ Knolle Knoblauch
 (ca. 8 Zehen)
1 große weiße Zwiebel
2 etwa daumengroße Stücke
 frischer Ingwer
9 EL Gochugaru*
1 EL Paprik, süß
1 EL Paprika, scharf
1 EL Paprika de la vera
2 Frühlingszwiebeln

ZUBEREITUNG

Den Chinakohl im unteren Drittel einschneiden und auseinander-ziehen. Vierteln, waschen und gut einsalzen. Etwas durchkneten und ca. 2–3 Stunden stehen lassen. Mischt den Chinakohl öfter mal durch, die Viertel von unten nach oben etc.
In der Zwischenzeit den Apfel entkernen, schälen und in einen Messbecher geben. Den Knoblauch schälen und zum Apfel geben. Die Zwiebel schälen und in grobe Stücke schneiden. Den Ingwer mit einem Löffel abschälen und auch in grobe Stücke schneiden. Die Zwiebel, den Knoblauch, den Apfel und den Ingwer mit einem Zau-berstab pürieren, die Gewürze hinzufügen und gut durchmischen. Die Frühlingszwiebeln klein schneiden und unter die Paste mischen. Eventuell etwas (!) von dem Salzwasser zum Verdünnen hinzugeben (wenn ihr größere Chinakohlköpfe habt, nehmt ein-fach die 2-fache Menge der Zutaten für die Paste!). Ihr könnt den Chinakohl nun abwaschen und das Salz entfernen – oder lasst es dran für eine würzigere Version (ich lasse es dran).
Den Chinakohl und die Würzpaste gut miteinander vermischen und alles in ein großes und fest verschließbares Glas füllen. Ich lasse dieses Glas einen Tag bei Raumtemperatur stehen und stelle es dann in meinen kühlen Keller. Kimchi hält sich durch die Fer-mentation einige Monate. Je länger es »gärt«, desto intensiver (und leckerer!) wird der Geschmack. Nach ca. 24–48 Stunden sollte schon der typische Kimchigeschmack und -geruch (leicht säuer-lich) entstanden sein. Öffnet das Glas während des Gärprozesses ab und an mal, damit überflüssige Gase entweichen können.

Mein Kimchi hat noch nie geschimmelt – was ich auf die Einhaltung einfacher Hygiene-vorschriften zurückführe (immer nur mit sauberen Gerätschaften arbeiten, auch wenn ich Kimchi entnehme). Aber ich lasse auch das Salz weitestgehend dran, um eben dies zusätzlich zu verhindern. Wollt ihr das Salz abwaschen, rate ich euch, 3–4 stark ge-salzene Außenblätter vom Chinakohl obenauf in euer Glas zu legen. Kontrolliert regel-mäßig auf Schimmel und werft das Kimchi sofort weg, solltet ihr welchen entdecken!

TIPP FÜR EINE MILDERE VARIANTE ⟶ Verdoppelt alle Zutaten für die Paste bis auf das Gochugaru und das scharfe Paprikapulver und nehmt mehr oder größeren Chinakohl. Wem das immer noch zu scharf ist, wäscht die Paste vom fermentierten Kohl einfach vor dem Verzehr ab. Das schmeckt immer noch sehr gut, aber nicht mehr so scharf (das macht man in Korea z.B. für die Kinder).

*GOCHUGARU IST EIN SPEZIELLES SCHARFES PAPRIKA-PULVER, WELCHES FÜR KIMCHI BENUTZT WIRD. MACH DIR DIE MÜHE UND FRAG IN DEINEM ASIALADEN NACH ODER KAUF ES IM INTERNET – ES MACHT WIRKLICH EINEN UNTERSCHIED, OB DU GOCHUGARU BENUTZT ODER SCHNÖDES CHILIPULVER.

KIMCHI-SUSHI

Ich liebe veganes Sushi – denn nein, ein Vegetarier isst keinen Fisch. Hier in diesem Gericht prallen Welten aufeinander, und beim richtigen Japaner werdet ihr niemals Kimchi-Sushi bekommen. Dabei ist es so verdammt lecker! Bis man Sushimeister ist, dauert es mehrere Jahre – aber ich habe bei meinem Sushi keinerlei Perfektionsanspruch und denke, dass es für den Hausgebrauch reicht.

Für 2–3 Personen

ZUTATEN
1 ½ Tassen Sushireis
1 ½ Tassen Wasser
1 Stück getrocknete Kombu-Alge (optional)
Sushi-Essig (Asialaden)
Salz
Zucker
Nori-Algen-Blätter (Asialaden)
ca. 200 g Chinakohl-Kimchi

ZUBEREITUNG
Um den Sushireis vorzubereiten, gebt ihr ihn in einen Topf und wascht ihn so lange mit kaltem Wasser, bis das Wasser klar bleibt. Also Wasser rein, gut durchrühren und wieder ausschütten. Danach gebt ihr 1 : 1 Wasser hinzu und kocht den Reis mit dem Stück Kombu-Alge (optional) so lange, bis er weich ist, aber noch etwas Biss hat, und das komplette Wasser verkocht ist. Danach gebt ihr den Reis z.B. in eine Auflaufform oder auf ein Backblech und breitet ihn aus. Er muss schnell abkühlen, also nur schnell mit Essig, Salz und Zucker nach eurem Belieben und Geschmack würzen und danach Furchen durch den Reis ziehen und ihn an einer kühlen Stelle komplett erkalten lassen.
Wenn der Reis kalt ist, geht's ans Rollen. Das ist einfach nur Übungssache, und eure ersten Rollen müssen nicht perfekt werden. Also das Noriblatt auf eine Rollmatte legen, den Reis mit feuchten Fingern darauf ca. 0,5 cm dick verteilen. Nicht zu fest andrücken, aber auch nicht zu locker. Lasst am oberen Ende ca. 1 cm vom Noriblatt frei. Das Kimchi in feine Streifen schneiden. Jetzt ein bisschen von der Füllung auf das untere Ende des Reises geben und fest zusammenrollen. Mit einem scharfen Messer in mundgerechte Stücke schneiden und mit etwas Sojasauce genießen.

ACHTUNG: DAS KIMCHI IST SCHON SCHARF, DAHER PASST WASABI HIER NICHT MEHR SO GUT. DAS KIMCHI-SUSHI HÄLT SICH CA. 1 TAG IM KÜHLSCHRANK.

KIMCHI-WAFFELSANDWICH

Waffelsandwichs sind eine eher neue Entdeckung für mich, und ich reize sie des Öfteren sehr aus. Eine Zeit lang stand mein Waffeleisen gar nicht mehr still, und mein Freund war schon etwas genervt davon. Aber hey, nur so kam dieses Rezept hier zustande. Und insgeheim liebt er sie ja auch …

Für 2—3 Personen

TEIG
ca. 150 g Kimchi
250 g Mehl
250 ml Wasser
1 Ei
2 EL neutrales Öl
½ TL Backpulver
Salz
Pfeffer

BELAG
ca. 2 EL Ketchup
2-3 pochierte Eier
1 Hand voll frischer Spinat
ca. 50 g geriebener Käse
    nach Wahl (z.B. Edamer)

ZUBEREITUNG
Schneidet etwas Kimchi klein und vermischt es mit allen anderen Zutaten für den Teig zu einer geschmeidigen Masse. Backt die Waffeln ca. 5 Minuten im KitchenAid-Waffeleisen und lasst sie ein bisschen auf einem Kuchenrost abkühlen. Ich nehme gern etwas weniger Teig und gebe den nur in die Mitte des Waffeleisens, denn dann werden die Waffeln nicht so groß und man kann sie besser essen.
Jetzt müsst ihr nur noch einen Belag finden, den ihr auf euer Kimchi-Waffelsandwich draufmachen wollt. Ich habe mich für etwas Ketchup, frischen Spinat, pochierte Eier und etwas Käse entschieden. Aber da sind eurer Fantasie keine Grenzen gesetzt.

 TIPP ⟶ Pochierte Eier sind sehr einfach herzustellen. Ihr braucht ein Ei, etwas Wasser und einen Schuss Essig. Bringt das Wasser zusammen mit dem Essig zum Kochen und stellt die Hitze dann herunter. Das Wasser sollte kurz vor dem Kochen sein, aber nicht blubbern. Nehmt nun einen Löffel, rührt in eine Richtung, nehmt den Löffel heraus und öffnet nun das Ei genau über diesem Wirbel. Das Ei sollte sofort anfangen, sich mit diesem Wirbel zu drehen. Nehmt wieder euren Löffel und rührt vorsichtig weiter in die Wirbel-Richtung, bis sich das Eiweiß verfestigt hat. Lasst das Ei nun ein paar Minuten sieden (je nach Geschmack und Vorliebe). Nehmt es dann mit einer kleinen Kelle heraus und tada: das perfekte pochierte Ei. Übung macht auch hier wieder den Meister – nicht die Flinte ins Korn werfen, wenn's beim ersten Mal nicht klappt!

KIMCHI-GUNMANDU

Gunmandu ist eine koreanische Version des Dim Sums, was übersetzt etwa »das Herz berühren« bedeutet. Und genau das machen diese leckeren Kleinigkeiten. Es gibt viele verschiedene Arten, allerdings werde ich euch hier meine Version davon zeigen. Dabei werden die Teigtaschen gedünstet und angebraten und bilden eine herrliche Kruste. In etwas Sojasauce gedippt ein Traum!

Für 3–4 Vorspeisenportionen

FÜLLUNG
ca. 50 g schwarze Bohnen
 (nach dem Kochen
 gewogen)
250 g Chinakohl-Kimchi
2 Frühlingszwiebeln

TEIG
250 g Mehl
1 Prise Salz
150 ml Wasser

DAZU
Sojasauce, Sesam,
 frischer Ingwer

ZUBEREITUNG

Wenn ihr die Bohnen mit in eure Füllung nehmen wollt, legt sie ein paar Stunden vorher in Wasser ein. Schüttet dieses ab und kocht die Bohnen in frischem Wasser ca. 20 Minuten.
Verknetet das Mehl mit 1 Prise Salz und dem Wasser zu einem homogenen Teig. Lasst ihn abgedeckt ruhen, während ihr die Füllung zubereitet.
Hackt dafür das Kimchi in kleine Stücke und schneidet die Frühlingszwiebeln in dünne Ringe. Mischt die Bohnen, das Kimchi und die Frühlingszwiebeln zusammen. Rollt nun etwa die Hälfte des Teigs sehr dünn aus (weniger als 0,5 cm), nehmt ein Trinkglas (ca. 4–5 cm Durchmesser) und stecht damit runde Teigkreise aus. Rollt diese Teigkreise jeweils nochmals aus (ca. handtellergroß). Gebt nun ca. 1–2 TL Füllung in die Kreismitte und klappt sie zusammen. Benetzt die Ränder mit etwas Wasser, damit sie besser zusammenkleben. Legt sie danach in einen Bambusdämpfer (legt auf jeden Fall unter jede Teigtasche ein Stück Backpapier, damit sie nicht ankleben!) und dämpft sie ca. 5 Minuten über köchelndem Wasser.
Währenddessen könnt ihr mit dem Rest des Teigs und der Füllung weitermachen. Sind die Teigtaschen gedämpft, legt ihr sie in eine heiße Pfanne (Backpapier entfernen!), schaltet auf mittlere Hitze und bratet sie an. Achtet darauf, dass sie nicht verbrennen. Dreht die Teigtaschen um und bratet sie von der anderen Seite ebenfalls etwas an. Serviert sie heiß oder kalt mit etwas Sesam bestreut und einem Schälchen Sojasauce (in die ihr etwas frischen Ingwer gerieben habt).

TIPP ▸→ Eine perfekte – wenn auch zeitaufwändige – Vorspeise!

Heute:
Christina's
Indisch

CHRISTINAS INDISCH

Dieses Gericht entstand aus Unwissenheit und Neugier. Meine Schwester und ich wollten vor langer Zeit mal »indisch« kochen – und hatten natürlich keine Ahnung, wie indisches Essen wirklich schmeckt. Dieses Gericht kam dabei heraus, und ich finde es unglaublich lecker. Wenn auch nicht wirklich originalgetreu.

Für 2–3 Personen

ZUTATEN

1 Dose Kokosnussmilch
3–4 Sternanis-Sterne
5–6 Kafirlimettenblätter
1–2 Zitronengrasstängel
2 EL indische Currypaste, mild
1 TL Currypaste, scharf
Salz
Saft von 1 Limette/Zitrone
1 Pk. Quick Cooking Noodles
frische gemischte Pilze (z.B. Shiitake, Austernpilze, Steinpilze etc.)
etwas frischer Koriander

ZUBEREITUNG

Gebt die Kokosnussmilch in einen Topf oder eine Wokpfanne und lasst sie aufkochen. Gebt den Sternanis, die Kafirlimettenblätter und das Zitronengras hinein und kocht das Ganze ca. 10 Minuten. Jetzt die beiden Currypasten, Salz nach Belieben und den Limetten- oder Zitronensaft hinzugeben und unterrühren. Je länger die Sauce köchelt, desto intensiver wird der Geschmack.

Kocht währenddessen in einem anderen Topf die Nudeln. Gebt die klein geschnittenen Pilze entweder in die Sauce oder bratet sie separat an und gebt sie anschließend darüber. Fischt jetzt nur noch den Sternanis, die Kafirlimettenblätter und das Zitronengras wieder aus der Sauce und gebt die Nudeln stattdessen hinzu. Hübsch anrichten und mit klein gehacktem frischem Koriander vervollständigen.

PANIR
(INDISCHER KÄSE)

Mein Freund ich waren an einem unserer Jahrestage mal ganz schick essen – im teuersten indischen Restaurant von Kassel. Als ich da auf der Karte las, dass sie selbst gemachten Käse anbieten, war ich natürlich hin und weg. Hätte ich geahnt, wie einfach das eigentlich ist, hätte ich bestimmt nicht so viel Geld dafür bezahlt. Aber hey, man hat Käse selbst gemacht. Das hört sich immer gut an.

Für jeweils 2–3 Portionen

ZUTATEN

2 l Vollmilch
ca. 50–100 ml frischer
  Zitronensaft (Direktsaft)
Gewürze nach Geschmack
  (Salz auf jeden Fall und
  z.B. auch Knoblauch ist
  hervorragend, Bockshorn-
  kleesamen oder frischer
  Koriander schmecken sehr
  gut dazu)

ZUBEREITUNG

Die Milch in einem großen Topf zum Kochen bringen, dabei immer mal wieder umrühren (mit einem Kochlöffel, NICHT mit dem Schneebesen!), damit sie nicht anbrennt. Jetzt den Zitronensaft in die sprudelnde Milch geben und langsam weiterrühren, bis die Milch zu gerinnen beginnt. Den Topf vom Herd ziehen und ein bisschen ruhen lassen. Derweil ein Sieb mit einem dünnen Geschirrtuch oder einem Käsetuch auslegen. Ich würze den »Rohkäse« schon, wenn die Molke noch im Topf ist, also jetzt Salz und alle anderen Gewürze dazugeben, die ihr im Panir später haben wollt. Jetzt den Inhalt des Topfes in das Sieb mit dem Geschirrtuch schütten und abtropfen lassen. Sobald keine Flüssigkeit mehr austritt, kratzt ihr den Käsebruch etwas zusammen, nehmt das Tuch zusammen und drückt den Käse noch etwas aus. Jetzt ist es Zeit, alle eure schweren Bücher zusammenzutragen, denn jetzt kommt unser Käsepäckchen auf die Spülablage, ein Brettchen drauf, und dann stapele ich alle meine schweren Kochbücher darauf. Der Käse bleibt jetzt ein paar Stunden in dieser misslichen Lage und nach ca. 4 Stunden (am besten über Nacht) hat man wunderbar schnittfesten Panir, den man jetzt weiterverwenden kann.

TIPP ▸ Ich brate ihn am liebsten an und gebe ihn dann über mein Curry. Aber ihr könnt ihn auch einfach in eure Gerichte geben und mitkochen.

BBQ-SAUCE
MIT ESPRESSO

Ich bewege mich in einem Umfeld aus vielen männlichen Freunden und Bekannten, und als Frau kann man da mit einer Sache ganz besonders Eindruck schinden: selbst gemachter BBQ-Sauce.

Für ca. 3 Flaschen à 250 ml

ZUTATEN

3 Knoblauchzehen
2 Schalotten
50 ml Olivenöl
50 g Butter
2–3 EL brauner Zucker
1 große Dose Tomaten
500 ml passierte Tomaten
70 ml Apfelessig
100 ml starker Espresso
100 ml Ahornsirup
2–3 EL Balsamico
etwas frisches Basilikum
etwas frische Petersilie
Salz
Pfeffer
5–6 Spritzer Flüssigrauch
2 TL Paprika de la vera
1 TL Paprikapulver, scharf
2 TL Knoblauchsalz, frisch

ZUBEREITUNG

Den Knoblauch und die Schalotten schälen und klein schneiden. Mit Olivenöl, Butter und braunem Zucker scharf anbraten – dann alle anderen Zutaten hinzufügen und die Sauce aufkochen. Nach ein paar Minuten von der Platte ziehen und gut durchpürieren. Danach den Topf wieder auf die Platte stellen und bei kleiner Flamme ca. 2 Stunden köcheln lassen.
Immer mal wieder durchrühren – sonst kann sie anbrennen! Wenn sie ca. auf die Hälfte eingekocht ist, könnt ihr sie in sterile Glasflaschen abfüllen. Deckel schnell draufschrauben und abkühlen lassen. Irgendwann macht's klick und eure Flasche hat ein Vakuum gezogen.

 TIPP ⟶ Wer es etwas ausgefallener mag, ersetzt einfach den Espresso durch Whiskey. Den allerdings erst als letzte Zutat kurz vor Schluss hinzugeben!

QUINOAPIZZA

Ich liebe Quinoa, und durch ihre tollen Inhaltsstoffe (viel Eisen und Magnesium, außerdem ist sie glutenfrei) trägt sie viel zu einer gesunden Ernährung bei. Dass man daraus nun auch Pizzen zaubern kann, ist natürlich noch die Kirsche auf dem Sahneeis.

Für 2 Pizzen

ZUTATEN

300 g Quinoa
1 Knoblauchzehe
2 EL Basilikum
1 Ei
2 TL Balsamico
1 Prise Salz

SAUCE

4 Tomaten
1 Schalotte
1 Knoblauchzehe
Salz
Pfeffer

BELAG Z.B.

1 kleine Zucchini
3–4 Champignons
2 Tomaten
1 EL getrocknete Tomaten
1 Büffelmozzarella

ZUBEREITUNG

Die Quinoa nach Packungsanweisung kochen und abgießen. Den Knoblauch und das Basilikum hacken. Die Quinoa mit den anderen Zutaten vermischen und etwas durchkneten. Dann 2 Springformen (26 cm) mit Backpapier auslegen, den Quinoabrei darauf verteilen und fest andrücken. Bei 200 °C im vorgeheizten Backofen ca. 20 Minuten backen.

Währenddessen die Tomaten für die Sauce mit kochendem Wasser übergießen, häuten und entkernen. Zusammen mit der klein geschnittenen Schalotte und der geschälten Knoblauchzehe mit etwas Öl anbraten. Den Topf vom Herd nehmen, die Sauce pürieren und mit Salz und Pfeffer würzen. Den Belag zurechtschneiden (z.B. Tomaten, frische Champignons putzen und in Scheiben schneiden, Zucchini mit einem Spiralschneider bearbeiten, getrocknete Tomaten hacken etc.). Die Quinoaböden aus dem Ofen nehmen, mit Tomatensauce bestreichen und belegen. Mit etwas Büffelmozzarella vollenden und wieder in den Ofen stellen. Nun braucht die Quinoapizza noch etwa 15 Minuten.

Mit dem Backpapier im Ganzen auf einen Teller heben oder in Stücke schneiden und mit dem Tortenheber auf Teller verteilen. Mit einem leckeren Beilagensalat genießen.

GEFÜLLTE
TACOSCHALEN

In diese Tacoschalen könnte ich mich reinsetzen. Knackige
Hülle, leckeres Gemüse und cremige Guacamole. Wer das
hier nicht ausprobiert, ist selber schuld.

Für 16 Stück

ZUTATEN
1 Pk. Weizentortillas
2 EL Wasser
1 EL Olivenöl
1 TL Salz
1 TL Paprika de la vera

FÜLLUNG NACH GESCHMACK, Z.B.
Guacamole, siehe Seite 104
Kidneybohnen
gegrillter Mais
Salat
geriebener Käse
saure Sahne
Cherrytomaten
Chili

AUSSERDEM
2 Muffinbleche

ZUBEREITUNG
Dreht das Muffinblech um und legt es mit den Öffnungen
nach unten in Reichweite.
Wascht eine Haushaltschere gründlich ab, schneidet die
Tortillas in der Hälfte durch und schneidet aus den
Hälften Ovale aus. Mischt das Wasser, das Öl, das Salz
und das Paprikapulver und »mariniert« die Tortilla-
Ovale damit.
Legt die Tortilla-Ovale nun in die Zwischenräume des
Muffinblechs und drückt sie in Form (etwas herunter),
damit sie eine viereckige »Schüssel« bilden. Backt sie
im vorgeheizten Backofen bei 180 °C ca. 10 Minuten und
lasst sie danach komplett mit dem Blech auskühlen.
Danach könnt ihr sie mit den Zutaten füllen, auf die ihr
gerade Lust habt.

TIPP ▸ Dieses Rezept eignet sich hervorragend für
Partys, denn man braucht nur die Tacoschalen vorzubereiten und jeder Gast kann sie sich dann füllen,
wie er will. Aus den abgeschnittenen Resten der
Tortillas wird mit dem Rest der Marinade ganz
schnell ein leckerer Snack (Nachos). Einfach auf ein
mit Backpapier ausgelegtes Blech legen und bei
180 °C ebenfalls ca. 8–10 Minuten backen.

ERDBEERSALAT
MIT OFENSPARGEL

Ich bin auf so ziemlich alles allergisch, was gespritzt wurde, und daher ist es eine Freude für mich, wenn im April/Mai die ersten deutschen Erdbeeren auf den Markt kommen. Sie sind meistens nicht so schlimm gespritzt wie andere und ich kann sie um Einiges beruhigter essen. Am liebsten natürlich in diesem Salat hier.

Für 4 Personen

ZUTATEN

100 g grüner Spargel
2 EL Olivenöl
3 EL Balsamico
1 EL Butter
1 Prise Salz
400 g frische Erdbeeren
100 g Rucola
1 Kopf Romanasalat
1 Büffelmozzarella
20 g Parmesanspäne

DRESSING

100 g frische Erdbeeren
5–6 Cherrytomaten
2 EL Weißweinessig
2 EL neutrales Öl (Sonnenblume)
1 TL Salz
etwas frisch gemahlener Pfeffer
1 Prise Vanille

ZUBEREITUNG

Bereitet den Spargel folgendermaßen vor: Schneidet die holzigen Enden ab und wascht ihn gründlich. Legt ihn in eine passende Auflaufform und benetzt ihn mit dem Olivenöl und dem Balsamico. Mischt alles einmal vorsichtig durch. Gebt nun die Butter als Flöckchen darüber und vollendet den Spargel mit einer Prise Salz. Backt den Spargel nun unabgedeckt im vorgeheizten Backofen bei 200 °C ca. 20 Minuten. Lasst ihn dann etwas abkühlen und schneidet ihn in ca. 3 cm lange Stücke. Vermengt ihn nochmals mit dem Sud in der Auflaufform. Jetzt noch die Erdbeeren und den Salat waschen und trocknen. Den Salat verlesen und die Erdbeeren vom Strunk befreien. Den Salat in mundgerechte Stücke rupfen und in eine Schüssel geben. Die Erdbeeren in Scheiben oder Stücke schneiden. Den Büffelmozzarella in kleine Stücke zupfen und hübsch auf dem Salatbett platzieren.

Nun ist es an der Zeit fürs Dressing. Einfach alle Zutaten in einen Mixer geben und gut durchpürieren. Danach in ein Schraubglas füllen und bis zum Servieren des Salats in den Kühlschrank stellen. Erst kurz vor dem Servieren das Dressing zusammen mit den Parmesanspänen über den Salat geben.

ROHER
GRÜNKOHLSALAT

Ja, ich weiß. Bei dem Wort Grünkohl schüttelt es Einige von euch wahrscheinlich schon. Ich liebe ihn allerdings und könnte ihn – wenn er Saison hat – täglich essen (was ich auch tue …). Probiert ihn doch einfach mal roh, ähnlich wie Krautsalat, und ihr werdet überrascht sein, wie lecker und knackig dieser Salat ist.

Für 2 Personen

ZUTATEN
ca. 200–300 g frischer Grünkohl
ca. ½ TL Salz
1 große Möhre
50 g Cherrytomaten

DRESSING
3 EL Rotwein- oder Apfelessig
3 EL Olivenöl
3 EL Hüttenkäse
frisch gemahlener Pfeffer

ZUBEREITUNG
Den Grünkohl gut waschen und vom Strunk befreien. Klein rupfen, mit etwas Salz in eine Schüssel geben und gut durchkneten. Die Möhre raspeln und die Cherrytomaten klein schneiden.
Das Dressing anrühren und über den Salat geben. Alles gut vermengen und servieren.

 TIPP ⟶ Mit gerade mal 49 kcal pro 100 g ist der Grünkohl etwas für die schlanke Linie.

KAPITEL 3

HERZ:
Lieblings- rezepte

→ Hachja … In diesem Kapitel geht's um Rezepte, die mir sehr am Herzen liegen. Es sind Lieblingsrezepte, manche von meiner Familie schon seit Jahren gebacken, oder aber welche, die ich einfach aus vollem Herzen liebe, weil sie so lecker sind. Ich liebe es, sie für meine Familie und Freunde zu backen, und eventuell kann ich euch ja mit ein paar hübschen Bildern animieren, euren Herzensmenschen ebenfalls eine Freude zu machen. Leider vergessen wir im Alltagsstress oft, wie wichtig es ist, den Menschen, die uns wichtig sind, unsere Liebe zu zeigen, so lange sie noch da sind. Lasst keine Gelegenheit verstreichen, genau dies zu tun – vielleicht ja mit einem Kuchen!

TONKATORTE
MIT MASCARPONE-MANDEL-CREME

Manchmal kommen mir kurz vor dem Einschlafen Rezeptideen, und genauso war das hier bei dieser Torte. Es war ein voller Erfolg, möchte ich anmerken.

Für 1 Torte

BISKUIT
3 Eier
1 Prise Salz
3 EL warmes Wasser
150 g Zucker
100 g Mehl
100 g Speisestärke
2 TL Backpulver
etwas geriebene Tonkabohne

CREME
400 g Sahne
2 Pk. Sahnesteif
500 g Mascarpone
3 EL Mandelmus (möglichst ohne Öl)
2 EL Zucker
eine Prise geriebene Tonkabohne
eine Prise Vanille

AUSSERDEM
½ Glas Aprikosen-Samt-Konfitüre
ca. 100 g gehobelte Mandelblättchen

ZUBEREITUNG

Als Erstes kommt der Biskuit dran. Trennt dafür die Eier und schlagt das Eiweiß mit einer Prise Salz steif. Stellt es dann beiseite und schlagt die Eigelbe mit 3 EL warmen Wassers schaumig. Gebt nach und nach den Zucker hinzu und schlagt die Masse, bis sie heller und sehr cremig wird. Vermengt das Mehl, die Speisestärke, das Backpulver und die geriebene Tonkabohne. Gebt ca. die Hälfte des Eischnees in die Eigelbcreme und siebt die trockenen Zutaten darüber. Vermengt die Masse vorsichtig. Gebt zum Abschluss noch den Rest Eischnee hinzu und hebt ihn unter. Füllt den Teig in eine hohe 20er-22er-Backform und backt ihn im vorgeheizten Backofen bei 180 °C ca. 25–30 Minuten. Macht die Garprobe und lasst ihn danach auf einem Kuchengitter komplett auskühlen. Schlagt jetzt die Sahne mit dem Sahnesteif fest auf, mengt den Mascarpone und alle anderen Zutaten darunter und stellt die Creme kühl.

Schneidet euren Biskuit in drei Schichten und setzt die unterste auf eure Tortenplatte. Gebt 1 EL Samtkonfitüre darauf und verteilt sie. Nun kommen darauf ca. 3 EL Creme, die ebenfalls vorsichtig verteilt werden. Setzt nun die zweite Schicht darauf und gebt wieder erst Konfitüre und dann Creme darauf. Setzt dann das Endstück obenauf und ummantelt den Kuchen einmal komplett mit einer sehr dünnen Schicht Creme (Krümelfangschicht). Stellt den Kuchen dann ca. eine halbe Stunde kalt. Danach verstreicht ihr die komplette (lasst noch ein bisschen was für die Deko übrig) verbliebene Creme um die Torte herum und zieht sie mit einem Teigschaber glatt. Verziert die Torte dann noch ein bisschen mit einem Spritzbeutel und der restlichen Creme und röstet ein paar gehobelte Mandeln in einer Pfanne ohne Öl. Die Torte damit bestreuen und bis zum Servieren kühl stellen.

TOPFENKNÖDEL
MIT ROTER GRÜTZE

Topfen ist das österreichische Wort für Quark – und für diese Quarkknödel fahre ich extra früher von der Arbeit heim, um sie für meine Familie zum Nachmittagskaffee zuzubereiten. Denn: Warm und frisch gemacht sind sie absolut göttlich …

Für ca. 20 Stück

ZUTATEN
500 g Quark
2 Eier
6 EL Mehl
6 EL Weichweizengrieß
1 Prise Salz
2 EL Zucker
etwas Vanille

BRÖSEL
5 EL gemahlene Mandeln
10 EL Semmelbrösel
3 EL Zucker

ROTE GRÜTZE
300 g gemischte rote Früchte (zur
  Not auch eine TK-Mischung)
3 EL Speisestärke
3 EL Puderzucker
1 EL Zitronensaft

ZUBEREITUNG
Zuerst stellt ihr die rote Grütze her. Dafür einfach die gemischten Früchte (z.B. Kirschen, Himbeeren, Erdbeeren, Johannisbeeren etc.) zusammen mit der Speisestärke, dem Zucker und dem Zitronensaft in einen Topf geben und etwas einkochen lassen. Immer mal wieder umrühren, damit nichts anbrennt.

Alle Zutaten für die Knödel vermengen und die Masse ca. 15 Minuten ruhen lassen. Je länger der Teig ruht, desto fester werden die Knödel, da der Grieß die Feuchtigkeit aufnimmt. Jetzt einen großen Topf mit Wasser zum Kochen bringen und danach ausschalten (bzw. ich habe meinen auf Stufe 1 gelassen). Aus dem Teig Knödel formen (ich habe einfach einen kleinen Eisportionierer genommen; damit werden es zwar keine perfekten Knödel, aber man spart sich Einiges an Sauerei) und diese ins Wasser geben. Nun ca. 15 Minuten ziehen lassen. Währenddessen die gemahlenen Mandeln und die Semmelbrösel in einer Pfanne anrösten. Danach den Zucker hinzugeben. Wenn die Knödel an der Wasseroberfläche treiben, könnt ihr sie aus dem Topf nehmen, abtropfen lassen und in der Bröselmischung wälzen. Jetzt noch auf etwas roter Grütze anrichten und noch warm verzehren (dann schmecken sie am besten!).

GEFÜLLTER
APFELCHALLAH

Einen meiner ersten Solo-Backversuche unternahm ich mit einem Challah. Ein Challah ist ein ursprünglich jüdisches Gebäck, und viele kennen dieses Gebäck hierzulande als Osterzopf. Dieser erste Backversuch war zugleich auch mein erster Totalausfall, denn ich hatte zu diesem Zeitpunkt wenig Backerfahrung, und es war mir nicht bewusst, dass ein Challah aus 1,2 kg Mehl ein Monstrum wird. Er hat den kompletten Ofen ausgefüllt und ist immer mehr aufgegangen. Ich habe dann ganz aufgelöst meine Schwester angerufen ... Heute kann ich herzlich drüber lachen – und daher für euch die abgespeckte Version, die garantiert nicht den Ofen sprengt.

Für 4 kleine Laibe oder 1 großen Laib

ZUTATEN
½ Würfel Hefe
100 g Zucker
500 g Mehl
1 Prise Salz
½ TL Vanille
1 Ei
75 ml Pflanzenöl
ca. 200 ml Milch
etwas Orangenschale

FÜLLUNG
2 Äpfel
1 TL Zimt
2 EL Puderzucker
1 TL Zitronensaft

AUSSERDEM
Milch zum Bestreichen und ein Topping nach Wahl (z.B. Mohn, Mandelblättchen, Chiasamen, Pistazien etc.)

ZUBEREITUNG

Stellt aus den Zutaten für den Teig einen lockeren Hefeteig her. Legt dafür den halben Hefewürfel in etwas lauwarmes Wasser und gebt eine Prise Zucker hinzu. Gebt die anderen Zutaten in eine Schüssel und nach 5 Minuten gebt auch die Hefe hinzu. Sie sollte mittlerweile ein paar Blasen an die Wasseroberfläche geworfen haben. Gebt nicht zu viel Milch hinzu, denn der Teig soll geschmeidig sein, aber nicht kleben. Lasst ihn dann ca. 1 Stunde an einem warmen Ort gehen.

Schält die Äpfel, entkernt sie und schneidet sie in kleine Würfel. Würzt sie mit Zimt, Puderzucker und Zitronensaft und stellt sie ein paar Minuten beiseite.

Teilt den Hefeteig in vier Teile und teilt diese jeweils in drei Teile. Aus jedem dieser Teile wird nun ein Strang geformt. Rollt die Stränge mit dem Nudelholz etwas aus und gebt auf jeden ca. 2 EL der Apfelfüllung. Verschließt die Stränge nun wieder, indem ihr die Seiten mit etwas Wasser bestreicht und dann die Außenkanten über der Füllung zusammendrückt. Flechtet nun aus je drei Strängen einen Laib und hakt die Enden unter. Wiederholt es bei den drei anderen Laiben. Bestreicht alle Laibe mit Milch und streut z.B. ein paar Mandelblättchen darauf. Backt sie im vorgeheizten Backofen bei 180°C ca. 30 Minuten (einen großen ca. 60 Minuten). Garprobe durchführen! Erkaltet lassen sie sich dann super aufschneiden und mit einem Glas Kakao genießen.

KREPPELN
(WIE DER NORDHESSE SAGT)

Die typische nordhessische Reaktion auf Kreppeln ist: »Oooooh, die habe ich aber schon lange nicht mehr gegessen. Die schmecken wie bei Oma!« Kreppeln sind hier bei uns immer der Renner – und nach diesem Rezept macht meine Familie sie schon seit Jahrzehnten.

Für ca. 30 Stück

ZUTATEN

½ Hefewürfel
200 ml Milch
500 g Mehl
2 Eigelb
50 g Zucker
80 g Butter
1 Prise Salz
Abrieb einer Zitronenschale

AUSSERDEM

ca. 1 l Sonnenblumenöl
  zum Ausbacken
Zucker
1 Prise Vanille

ZUBEREITUNG

Die Hefe in etwas lauwarmer Milch auflösen. Danach alle Zutaten zu einem geschmeidigen Teig verkneten. Den Teig 1 Stunde gehen lassen.

Nun den Teig mit etwas Mehl bestäubt ca. 1 cm dick ausrollen und in Rauten schneiden. In die Rautenmitte einen langen vertikalen Schlitz schneiden (ich nehme dafür einen Pizzaschneider). Die Raute in die Hand nehmen und die obere Spitze durch den Schlitz ziehen und die Seiten ebenfalls durchziehen.

Die verdrehten Rauten nun in heißem Sonnenblumenöl vorsichtig goldbraun ausbacken. Nicht zu dunkel werden lassen! Mein Trick dazu: Das Öl auf hoher Stufe im Topf erhitzen und bei jeder neuen Fuhre die Temperatur etwas herunterstellen. Dann werden sie nicht so schnell dunkel. Sofort in Zucker (mit etwas Vanille) wälzen. (Am besten erstmal nur wenig Zucker in z.B. einen tiefen Teller geben und dann lieber bei jeder Fuhre etwas mehr Zucker in den Teller streuen. Der Zucker saugt das Fett auf und haftet dann nicht mehr so gut an den Kreppeln. Daher den Zucker lieber frisch nach und nach dazugeben.) Auf einen mit Küchentuch ausgelegten Teller legen und abkühlen lassen.

Sie schmecken am Tag des Backens am besten.

PAPAYA-SCONES

Scones, ja Scones sind schon was. Ich habe sie mit meiner Mutter zusammen bei unserer ersten Cornwall-Reise in St. Yves beim Cream Tea kennen und lieben gelernt. Sie brauchen eine kleine Extrabehandlung (und vielleicht mehrere Versuche), aber sie sind es wirklich wert.

Für ca. 10 Stück

ZUTATEN

ca. 50 g getrocknete,
 ungezuckerte Papaya
55 g kalte Butter
230 g Mehl
1 Prise Salz
3 TL Backpulver
25 g Puderzucker
100 ml kalte Buttermilch
1 Ei

ZUBEREITUNG

Schneidet die getrocknete Papaya in kleine Stücke und übergießt sie mit heißem Wasser. Nach ca. 5 Minuten schüttet ihr das Wasser wieder ab und drückt die Frucht etwas aus (wir wollen so wenig Wasser wie möglich im Teig).

Die Butter, das Mehl, das Salz und das Backpulver in eine Schüssel geben und wie beim Mürbeteig möglichst schnell die Butter mit Mehl bedecken, zu Flöckchen zerdrücken und alles gut durchmischen. Gebt nun den Puderzucker und die Papayastücke hinzu und mischt alles nochmal kurz durch. Nun die kalte Buttermilch und das Ei zum Teig geben, alles gerade so miteinander verkneten und dann den Teig mit etwas Mehl bestäubt ca. 3 cm dick auf der Arbeitsfläche mit wenig Druck ausrollen.

Mit einem runden Ausstecher (ca. 5 cm Durchmesser) stecht ihr nun die einzelnen Teiglinge aus. Den Ausstecher nur reinstecken und wieder hochziehen, nicht drehen, sonst gehen die Scones nicht schön auf. Mit einem Tortenheber die Teiglinge auf ein Backblech übertragen und im vorgeheizten Backofen bei 220 °C ca. 10–12 Minuten backen – sie müssen goldbraun werden. Wer die Scones eher dreieckig bevorzugt, dem möchte ich zu einem sehr scharfen und großen Messer raten. Die Klinge nur runterdrücken und keine Bewegungen vor und zurück machen.

TIPP ⟶ Scones sind etwas tricky – das sieht man auch im Internet. Leider sind nicht alle Gebäcke, die dort als Scones ausgegeben werden, auch wirklich welche. Scones sind keine flachen Cookies und man braucht vielleicht mehrere Anläufe, um sie perfekt hinzubekommen. Ich habe z.B. drei Anläufe gebraucht, um euch dieses Rezept hier liefern zu können. Also nicht verzagen.

CHOCOLATE-
COOKIE-TARTE

Manche Rezepte muss man öfter backen und damit herumprobieren, um genau das zu bekommen, was man haben will. So auch hier: Knackig-knuspriger Cookie-Boden & herrlich cremige Schokoladenfüllung … Und solltet ihr mal die perfekten Schokoladencookies backen wollen – einfach nur den Teig herstellen, ausrollen, ausstechen und backen. Ein Traum.

Für 1 Tarte

COOKIE-TEIG
200 g Mehl
100 g Butter
1 Prise Salz
75 g Zucker
1 Ei
1 kleine Eierschale mit Wasser
50 g Schokotropfen

FÜLLUNG
400 ml Sahne
200 g Zartbitterschokolade
1 EL Speisestärke
1 Prise Vanille
1 Ei

AUSSERDEM
frische Erdbeeren und Himbeeren
 als Garnierung

ZUBEREITUNG
Für den Teig Mehl, Butter und Salz in eine Schüssel geben und die Butter mit Mehl bedeckt in Flöckchen drücken. Sobald alles krümelig ist, die anderen Zutaten hinzugeben und alles gut durchkneten. Eine Pie- oder Quicheform fetten, den Teig gleichmäßig ausrollen und in die Form legen. Mit einer Gabel ein paarmal gut verteilt in den Teig pieken. Im vorgeheizten Backofen bei 180 °C ca. 15 Minuten vorbacken.
In der Zwischenzeit die Sahne und die Zartbitterschokolade in einen kleinen Topf geben und langsam erhitzen. Die Speisestärke mit ca. 3 EL der Sahne vermischen. Sobald sich die Schokolade vollständig in der Sahne aufgelöst hat, den Topf vom Herd nehmen, die aufgelöste Speisestärke hinzugeben und nochmals kurz aufkochen. Nun die Vanille und das Ei in den Topf geben und alles mit einem Schneebesen unterrühren. Die Füllung nun in die vorgebackene Pieform geben und nochmals ca. 20 Minuten (jetzt aber bei 160 °C) backen. Die Tarte danach komplett auskühlen lassen und kurz vor dem Servieren mit in Scheiben geschnittenen frischen Erdbeeren und Himbeeren garnieren.

TIPP ▸ Diese Tarte schmeckt am Tag des Backens am besten. Stellt ihr sie über Nacht in den Kühlschrank, wird die Masse kompakter. Und noch ein **GEHEIMTIPP:** Der Teig eignet sich hervorragend für super leckere, mürbe Chocolate Chip Cookies!

MOHN-TARTE
MIT TRÄNCHENBAISER

Baiser + Ich = Krieg. So war es jedenfalls bisher. Tränchenbaiser sieht allerdings wunderschön aus und ist wirklich einfach herzustellen, daher halte ich mich einfach daran und mache keine großen Experimente mehr. Und die Mohnfüllung darunter? Zum Anbeißen.

Für 1 Tarte

ZUTATEN
1 × Mürbeteig wie Seite 13

MOHNFÜLLUNG
200 g Mohn
400 ml Milch
50 g Butter
100 g Zucker
40 g Weichweizengrieß
40 g Speisestärke
1 Ei
1 Prise Vanille
20 g Rosinen (optional)

TRÄNCHENBAISER
3 Eiweiß
100 g Zucker
½ TL Vanille
1 Prise Salz

ZUBEREITUNG
Stellt zuerst einen Mürbeteig wie auf Seite 13 beschrieben her. Rollt ihn aus und legt ihn in eine Tarteform eurer Wahl (ca. 26 cm Durchmesser).

Vermengt nun alle Zutaten für die Mohnfüllung in einem Topf und kocht sie unter ständigem Rühren auf (Achtung: Sie kann schnell anbrennen!). Gebt sie in eure vorbereitete Form und streicht die Füllung glatt. Backt die Tarte im vorgeheizten Backofen bei 180 °C (Heißluft) ca. 18 Minuten.

Schlagt in der Zwischenzeit das Eiweiß sehr steif und gebt den Zucker nach und nach hinzu. Schlagt das Baiser so lange, bis es anfängt zu glänzen und Spitzen zu bilden, die auch stehen bleiben. Verteilt das Baiser möglichst dekorativ auf dem noch heißen Mohnkuchen, schiebt alles wieder in den Ofen und backt die Tarte weitere ca. 12–15 Minuten, jetzt aber bei Ober- und Unterhitze, unterste Schiene.

Achtet darauf, dass das Baiser nicht zu dunkel wird und nehmt den Kuchen gegebenenfalls lieber etwas früher aus dem Ofen. Lasst den Kuchen komplett auskühlen – und schon sollten die Tränchen erscheinen. Den Kuchen nicht in den Kühlschrank stellen, sonst wird das Baiser matschig. Er hält sich wunderbar bei Raumtemperatur.

 TIPP ▸ Ich nehme für die Füllung gern eine Mischung aus gemahlenem und ganzen Mohn (ca. 150 g gemahlenen, 50 g Blaumohn).

VERSUNKENE
APFELTARTE

Meine Mutter buk in meiner Kindheit oft den allseits bekannten »Apfelkuchen sehr fein«. Ich liebte schon immer die halben Äpfel darin, eingeschnitten und lecker gebacken. Daher gab es bei dieser Tarte gar kein großes Federlesen – die Äpfel mussten genauso werden wie in meiner Kindheit.

Für 1 Tarte

MÜRBETEIG

250 g Mehl
50 g gemahlene Mandeln
150 g kalte Butter
1 Prise Salz
1 Ei
1 Eierschale voll Wasser

FÜLLUNG

2 Äpfel (z.B. Boskop, ca. 300 g)
etwas Zitronensaft
3 Eier
500 g Magerquark
100 g Zucker
1 EL Mandelmus
1 Pk. Vanillepuddingpulver
1 Prise Vanille
evtl. etwas Puderzucker
 zum Bestäuben

ZUBEREITUNG

Einen Mürbeteig aus den Zutaten herstellen (siehe auch Seite 13) und passend für eure Form ausrollen, Überschuss an den Seiten einfach mit Daumen und Zeigefinger etwas formen. Die Form für eine halbe Stunde in den Kühlschrank stellen. Danach im vorgeheizten Backofen bei 180 °C ca. 15 Minuten blind vorbacken.
In der Zwischenzeit die Äpfel schälen, halbieren, entkernen und die runde Seite mehrfach fächerig einschneiden. Nicht komplett durchschneiden! Legt die Äpfel kurz in etwas Wasser mit einem Schuss Zitronensaft, dann werden sie nicht braun. Trennt nun die Eier und schlagt das Eiweiß steif. Den Magerquark, die Eigelbe, den Zucker, das Mandelmus, das Puddingpulver und die Vanille vermengen, das Eiweiß unterheben und die ganze Masse in die vorbereitete Tarteform geben. Die Äpfel mittig in eure Form setzen und die Tarte bei 180 °C ca. 40 Minuten backen. Wenn die Äpfel und die Füllung obendrauf goldbraun sind, ist die Tarte fertig. Lasst sie komplett auskühlen und bestäubt sie eventuell vor dem Servieren mit etwas Puderzucker.

 TIPP ▸—→ Diese Quarkmasse eignet sich auch hervorragend als einfache Käsekuchenmasse. Dafür einfach noch ein paar Rosinen hinzufügen und die Äpfel weglassen.

TARTELETTES

MIT VANILLECREME UND BLAUBEEREN

Diese Tartelettes verbinde ich immer mit Parkscheinen. Warum? Als ich mit meiner Mutter einmal in der Innenstadt bummeln war, kamen wir zum Auto zurück und hatten noch einige Zeit auf unserem Parkschein. Wir schenkten ihn einer Fremden und bekamen von ihr eine unserer ersten Garten- und Kochzeitschriften geschenkt. Darin war ein ähnliches Rezept wie dieses hier und seitdem mache ich diese Tartelettes in meiner Abwandlung sehr gern. Was lernen wir daraus? Seid nett zu den Menschen und ihr bekommt etwas zurück …

Für 6–8 Tartelettes

MÜRBETEIG

300 g Mehl
1 Prise Backpulver
20 g Zucker
1 Prise Salz
150 g Butter
1 Ei
2 Eierschalen voll Wasser

VANILLECREME

1 TL Vanille
500 ml Milch
5 Eigelb
75 g Zucker
30 g Speisestärke
1 Prise Salz

AUSSERDEM

300 g Blaubeeren

ZUBEREITUNG

Für den Mürbeteig das Mehl, das Backpulver, den Zucker und das Salz vermengen. Die Butter hinzufügen, mit Mehl bedecken und zu kleinen Butterflöckchen zerdrücken. Das Ei und etwas Wasser hinzugeben und gut durchkneten. Den Teig auf der bemehlten Arbeitsplatte ausrollen und in die Tarteletteförmchen geben. Lasst etwas Rand überstehen und drückt ihn mit Daumen und Zeigefinger in eine Wellenform. Legt in jedes Tarteletteförmchen ein Stück Backpapier und ein paar Blindbackbohnen (bei mir Kichererbsen). Backt die Tarteletteförmchen nun im vorgeheizten Backofen bei 180 °C ca. 20 Minuten vor. Sobald die Tarteletteförmchen aus dem Ofen kommen, gebt ihr die Vanille mit der Milch in einen Topf, lasst diese aufkochen und nehmt sie vom Herd. Die Eigelbe mit dem Zucker in einer Schüssel cremig schlagen, die Stärke in etwas Milch auflösen und zusammen mit dem Salz zur Eimasse geben und weiterschlagen. Die warme Milch langsam in die Eigelbcreme rühren; alles wieder in den Topf schütten und die Creme auf kleiner Flamme so lange rühren, bis sie eindickt (nicht kochen!). Die Creme dann in die vorgebackenen Tarteletteförmchen geben und verteilen.
Die Blaubeeren waschen, trocknen und ansprechend auf der Vanillecreme verteilen. Die Tartelettes bis zum Servieren kühl stellen.

STRAWBERRY
SHORTBREAD CAKE

Wer mich kennt, weiß, dass ich sehr anglophil bin. Ich war schon des Öfteren in England, besuchte Schottland und letztes Jahr machte ich eine Rundreise durch Irland. Man könnte sagen, ich komme da herum. Natürlich musste auch eines der schottischen Nationalgebäcke Einzug in mein erstes Buch halten – allerdings etwas verfeinert und mit südenglischen Einflüssen. Cream Tea, ich komme. Irgendwie.

Für 1 Kuchen

SHORTBREAD
100 g Zucker
200 g weiche Butter
2 TL Zitronensaft
1 Prise Vanille
300 g Mehl
½ TL Backpulver

FÜLLUNG
½ Glas Erdbeerkonfitüre
200 g frische Erdbeeren
200 ml Sahne
1 Pk. Sahnesteif
1 EL Puderzucker
1 Prise Vanille

ZUBEREITUNG

Gebt alle Zutaten für das Shortbread in eine Schüssel und verknetet alles miteinander. Knetet dann auf der Arbeitsplatte weiter, bis sich die Zutaten richtig gut verbunden haben. Teilt den Teig in zwei Stücke, bemehlt eure Arbeitsfläche und rollt den Teig nun kreisförmig aus. Legt zwei 20er-Springformen (oder z.B. Pie- oder Quicheformen) bereit, fettet sie und legt den Teig hinein. Beide Shortbreads müsst ihr schon jetzt in 12 Stücke schneiden (in der Form), damit sie euch nach dem Backen nicht brechen. Backt beide Formen (oder nacheinander) im vorgeheizten Backofen bei 170°C ca. 30 Minuten und lasst sie danach komplett auskühlen.

Gebt nun die erste Form mit Shortbreadstücken auf eine Tortenplatte. Seid beim Herausnehmen vorsichtig, schneidet eventuell mit einem scharfen Messer nochmal nach und nehmt einen dünnen Tortenheber zur Hilfe. Bestreicht den Boden dann dick mit Erdbeerkonfitüre und wascht die frischen Erdbeeren. Schlagt die Sahne mit dem Sahnesteif, dem Puderzucker und der Vanille sehr steif und streicht sie auf den Boden mit der Konfitüre. Schneidet die Erdbeeren in Scheiben und legt diese auf die Sahne.

Zieht nun nochmal die Schnitte beim zweiten Boden mit einem Messer nach und nehmt die Stücke dann vorsichtig aus der Form. Setzt sie kreisförmig und gefächert auf den Kuchen und stellt ihn dann entweder ein paar Stunden in den Kühlschrank oder serviert ihn sofort zu einer Tasse Earl Grey.

TIPP ►─► Zum erleichterten Essen auseinanderklappen und beide Shortbreadseiten einzeln verspeisen.

MUTTERTAGS-
KUCHEN MIT HERZ (AM RECHTEN FLECK)

Meine Mutti und ich haben eine ganz besondere Beziehung. Wir unternehmen sehr sehr gerne etwas miteinander und fahren als festes Ritual seit Jahren einmal im Jahr allein zusammen in den Urlaub. Z. B. machten wir schon mehrfach London & das restliche England unsicher, schlemmten uns durch Italien, schlugen uns durch die schottischen Highlands & suchten in Irland das Goldtöpfchen am Ende des Regenbogens. Meine Mutti ist definitiv für mich die beste Mutter der Welt – und daher bekommt sie auch am Muttertag immer etwas Besonderes.

Für 1 Kastenkuchen

ZUTATEN

1 Fertig-Rührkuchen
  (Schokolade)
250 g Margarine/Butter
100 g Zucker
1 TL Vanille
1 Prise Salz
4 Eier
300 g Mehl
4 TL Backpulver
3 EL Milch

EVENTUELL

100 g Zartbitter-
  schokolade
1 EL Kokosöl

ZUBEREITUNG

Den Fertig-Rührkuchen in ca. 2 cm dicke Scheiben schneiden. Einen Herzausstecher nehmen und so viele Herzen wie möglich aus diesen Scheiben ausstechen und beiseite legen.

Den Ofen auf 180 °C vorheizen. Für den eigentlichen Kuchen die Margarine bzw. Butter und den Zucker zusammen mit der Vanille und dem Salz schaumig schlagen. Die Eier nach und nach dazugeben und weiterschlagen. Das Mehl und das Backpulver vermengen, zur Eimasse geben und unterrühren. Eventuell mit Milch die Konsistenz verbessern. Nun eine Kastenform buttern, 4 EL Teig hineingeben und glatt streichen. Die Schokoladenrührkuchenherzen mittig in die Form setzen und eine lange Reihe die ganze Form entlang bilden. Den Rest der Form, besonders die Seiten der Herzen, mit dem restlichen Rührteig befüllen. Oben drauf auf keinen Fall vergessen! Den Kuchen nun ca. 60 Minuten backen. Garprobe durchführen! Wenn der Kuchen komplett ausgekühlt ist, kann man ihn noch mit etwas über einem Wasserbad zusammen mit etwas Kokosöl geschmolzener Zartbitterschokolade glasieren.

TIPP ▸ Ich habe es mir hier einfach gemacht und für das Herz einen fertigen Kuchen genommen. Das doppelte Backen macht ihm gar nichts. Wer aber alles selbst machen möchte, verdoppelt das Rezept einfach und backt zuerst einen Kuchen mit etwas Kakao drin. Dann genauso verfahren wie im Rezept beschrieben.

HESS'SCHE
GEBURTSTAGSTORTE

Es gibt Familientraditionen, die überdauern Generationen. In meiner Familie ist es die Tradition der Schokokusstorte zu Geburtstagen. In meiner Kindheit buk meine Mutter sie zu jedem Geburtstag, und auch heute noch fehlt uns etwas, wenn es sie nicht gibt.

Für 1 Torte

BODEN

2 Eier
6 EL Sonnenblumenöl
6 EL Milch
6 EL Zucker
6 EL Mehl
½ Pk. Backpulver
Butter und Paniermehl für die
  Form

BELAG

1 Glas Sauerkirschen
1 Pk. Vanillepudding

CREME

400 g Sahne
2 Pk. Sahnesteif
1 Pk. Schokoküsse (große,
  12 Stück)

ZUBEREITUNG

Alle Zutaten für den Tortenboden in einer Schüssel verrühren, in eine gebutterte und mit Paniermehl ausgekleidete Tortenbodenform geben und im vorgeheizten Backofen bei 180 °C ca. 15 Minuten backen. 5 Minuten abkühlen lassen und dann stürzen. Komplett auskühlen lassen.

Dann das Glas Sauerkirschen samt Flüssigkeit mit dem Vanillepuddingpulver aufkochen, bis alles etwas eindickt und klar wird. Dann etwas abkühlen lassen. Die Kirschen auf dem Tortenboden verteilen und komplett auskühlen lassen. Für die Creme einfach die Sahne mit dem Sahnesteif fest aufschlagen, die Schokoküsse ohne Waffel (diese aber aufheben!) hinzugeben und alles gut durchmixen. Die Creme auf die Kirschen geben und z.B. zu einer Kuppel formen. Die Torte eventuell mit den übrig gebliebenen Waffeln verzieren und bis zum Servieren kalt stellen.

TIPP ➻ Diesen Boden kann man auch super als Früchteboden verwenden. Er ist z.B. perfekt für einen Erdbeerkuchen geeignet. Dafür einfach den Boden mit etwas geschmolzener weißer Schokolade bestreichen, mit Erdbeeren belegen und etwas Tortenguss darübergeben.

SCHICHT DESSERT
MIT HAUSGEMACHTEN BROWNIES

Auf meinem Blog nenne ich dieses Rezept auch »Seelentrösterbrownies«. Denn genau das sind sie – die Schokolade darin macht einfach jeden glücklich. Egal, welches Gewicht gerade auf den Schultern lastet. Und dann auch noch mit einer leckeren Mascarponecreme und frischen Früchten … Herrlich.

Für 5–6 Portionen

BROWNIES
150 g Zartbitterschokolade
75 g Butter
30 g Zucker
2 Eier
100 g Mehl
2 TL Backpulver
evtl. 2–3 EL Milch
100 g Zartbitterschokoladenraspel
ca. 100–150 g verschiedene Nüsse
 als Topping (Haselnüsse, Pekannüsse, Mandeln, Walnüsse …)

AUSSERDEM
200 ml Sahne
2 Pk. Sahnesteif
1 Prise Vanille
1 EL Puderzucker
100 g Mascarpone
ca. 100 g frische Beeren nach
 Geschmack (z.B. Erdbeeren oder
 Himbeeren) oder z.B. 1 leckere
 reife Mango

ZUBEREITUNG
Erwärmt zuerst die 150 g Zartbitterschokolade mit der Butter über einem Wasserbad. Gebt dann den Zucker hinzu und nehmt die Masse vom Herd. Stellt die Schüssel in kaltes Wasser und rührt ein bisschen, bis die Schokoladenmixtur nur noch warm und nicht mehr heiß ist. Gebt nun die Eier hinzu und rührt kräftig um. Das Mehl und das Backpulver mischen und zur Schokoladenmixtur hinzufügen. Alles unterrühren und eventuell mit etwas Milch die Textur verbessern. Nun noch die Schokoladenraspel unterheben und den Teig in einer ca. 20 × 30 cm Backform verteilen.
Legt die Nüsse für das Topping ohne Unterlage auf ein Backblech und schiebt sie den Backofen, während er auf 180 °C vorheizt. Sobald der Ofen bereit ist, die Nüsse wieder aus dem Ofen nehmen, 50 g der Nüsse grob hacken und zusammen mit den ganzen Nüssen über den Brownieteig streuen. Bei 180 °C ca. 25 Minuten backen. Garprobe durchführen und komplett auskühlen lassen. Eventuell noch ein bisschen Zartbitterschokolade schmelzen und die Brownies damit verzieren.
Die abgekühlten Brownies in ca. 2 cm große Stücke schneiden. Die Sahne mit dem Sahnesteif schlagen und mit Vanille und Puderzucker verfeinern. Den Mascarpone unterheben. Passende Gläser raussuchen und nun erst die Brownies hineingeben, dann die Früchte (diese waschen und eventuell klein schneiden) und dann die Sahnecreme. Wiederholen und so lange weiterstapeln, bis das Glas voll ist. Kühl stellen und als besonders leckeren Nachtisch servieren.

QUARKAUFLAUF
VOM GRILL

Für mich als Vegetarierin ist Grillen immer ein zweischneidiges Schwert. Bei manchen Grillabenden kann ich nur Brot und Salat essen, und manche Menschen geben sich so viel Mühe, dass ich hinterher meinen Hosenknopf öffnen muss. Was allerdings meiner Meinung nach immer zu kurz kommt beim Grillen, ist das Dessert. Aber das ändern wir jetzt.

Für 4–6 Personen

ZUTATEN

3 Eier
80 g Zucker
75 g Weichweizengrieß
2 TL Backpulver
abgeriebene Schale einer
  Bio-Zitrone
1 Prise Salz
500 g Magerquark
3 EL Milch
50 g frische oder TK-Beeren

AUSSERDEM

Aluförmchen ohne Löcher und mit
  Abdeckung (z.B. Alu-Lasagneformen
  von dm)

ZUBEREITUNG

Die Eier trennen. Das Eiweiß steif schlagen und beiseite stellen. Alle anderen Zutaten (bis auf die Früchte) miteinander vermengen und den Eischnee unter die Masse heben. Die Beeren waschen und verlesen. Füllt nun die Quarkmasse in die Aluförmchen (lieber kleinere Förmchen und nur ca. 4–5 cm hoch füllen, denn dann ist der Auflauf schneller durch) und verteilt die Beeren darauf.

Mit Alufolie oder den mitgelieferten Deckeln abdecken und verschließen. Am besten schon auf den Grillrost stellen, wenn der Grill vorgeheizt wird. Die Förmchen dann an den äußeren Rand des Grillrostes schieben und das Grillgut ganz normal grillen. Sobald das Grillgut fertig ist, den Auflauf in die Mitte schieben (nicht ganz über die heiße Glut, sondern eher seitlich) und ca. 30 Minuten backen lassen, während ihr euer leckeres Grillgut vertilgt. Vorsicht, die Aluförmchen sind sehr heiß!

 TIPP ► Dieses Rezept ist auch für den Elektrogrill geeignet. Dort braucht der Auflauf aber ca. 45 Minuten–1 Stunde (was ja kein Problem ist, denn man lässt sich beim Essen unter freiem Himmel ja sowieso meistens etwas mehr Zeit).

WHIPPED LIME PIE

Ich weiß. Wenn man in der Zutatenliste sieht, dass eine ganze Dose Milchmädchen in die Pie kommt, denkt man, es sei einfach nur süß. Falsch gedacht. Diese Pie schmeckt nach Sommer – der Limettensaft ist herrlich frisch darin, und ich muss wirklich sagen, dass diese Pie eine meiner absoluten Lieblinge ist.

Für 1 Pie

BODEN
6 EL Butter
200 g Vollkorn-Butterkekse

FÜLLUNG
200 g Sahne
1 Pk. Sahnesteif
1 Dose gesüßte Kondensmilch
  (Milchmädchen)
100 ml Limettensaft
1 TL Limettenschale

TOPPING
200 g Sahne
1 Pk. Sahnesteif
1 Prise Vanille

ZUBEREITUNG
Für den Boden die Butter schmelzen und die Butterkekse in einem Ziplocbeutel mit einem Fleischklopfer klein bröseln. Alles vermengen, in eine passende Pieform geben und festdrücken. Für mindestens 1 Stunde in den Kühlschrank stellen.

Für die Füllung die Sahne mit dem Sahnesteif aufschlagen und beiseite stellen. Die gesüßte Kondensmilch mit dem Limettensaft und der Limettenschale vermengen. Die Sahne unterheben und in die gekühlte Form geben. Für mindestens 6 Stunden in den Kühlschrank stellen (besser über Nacht).

Am nächsten Tag vor dem Servieren die restliche Sahne mit dem Sahnesteif und der Vanille steif schlagen und dekorativ auf der Pie verteilen.

 TIPP ➞ Wer die Füllung gern in etwas kräftigerem Grün haben möchte, gibt etwas grüne Lebensmittelfarbe hinzu.

KAPITEL 4

BAUCH: Soulfood

━━▶ Man sagt ja, Liebe geht durch den Magen. Und ich finde, der Bauch (piepegal, ob dick oder dünn) ist ein großes Symbol für Genuss & erinnerungswürdige Momente. Wer kennt nicht dieses wohlig warme Gefühl, wenn man an den Feiertagen mit offenem Hosenknopf auf dem Küchenstuhl rumlümmelt. Man ist satt, glücklich und allen am Tisch geht's genauso. Das nenne ich Soulfood – denn nach leckerem Essen ist z.B. jeder Streit nur noch halb so schlimm. Ich garantiere euch: Egal, was ihr aus diesem Kapitel esst: Euer Bauch wird sich wohlig warm anfühlen, und ihr werdet einen kleinen Moment glücklicher sein als zuvor. Versprochen.

KASSELER GRIENE SAUCE

An jedem Gründonnerstag freut sich meine ganze Familie auf dieses typisch deutsche Gericht. Dabei schwelt schon immer zwischen Kassel und Frankfurt a. M. die Fehde, welche denn nun die beste sei: Kasseler Griene Sauce (mehr Quark, festere Konsistenz und die typische Kräuterzusammensetzung) oder die Frankfurter Grüne Sauce (püriert, grasgrün und mit wieder anderen Kräutern). Für mich – als Kasseler Eingeborene – gibt es natürlich nur DIE eine Griene Sose (ja, so sagt man das auf Kasseler Platt).

Für 6–8 Personen

ZUTATEN

500 g Magerquark
200 g Schmand
200 g saure Sahne
frische Kräuter (Schnittlauch,
  Petersilie, Kresse, Sauerampfer,
  Dill)
Salz
Pfeffer nach Geschmack
10–12 hart gekochte Eier
ca. 1 kg Kartoffeln

ZUBEREITUNG

Den Magerquark, den Schmand und die saure Sahne vermengen. Die Kräuter hacken (nicht zu fein!), zur Quarkmasse geben und mit Salz und Pfeffer abschmecken. Die Eier schälen und klein schneiden. Vorsichtig unter die Quarkmasse heben und diese bis zum Verzehr in den Kühlschrank stellen.
Die Kartoffeln mit Schale weich kochen, pellen und noch heiß zusammen mit der Grienen Sauce servieren.

SPARGEL-
QUICHE MIT BÄRLAUCH

Bis vor ein paar Jahren aß ich überhaupt keinen Spargel. Mensch, habe ich was verpasst. Aber auch heute ist der weiße Spargel, den man meistens totgekocht vorgesetzt bekommt, nicht mein Favorit. Aber den grünen Spargel, den könnte ich jeden Tag essen.

Für 1 Quiche

TEIG
1 × Mürbeteig wie Seite 13

FÜLLUNG
500 g grüner Spargel
1 EL Olivenöl
3 EL Balsamico
Salz
Pfeffer
1 EL Butter
200 g Feta
50 g geriebener Parmesan
3 Eier
200 g Schmand
ca. 20 frische Bärlauchblätter,
alternativ z.B. Basilikum oder
Petersilie

ZUBEREITUNG
Stellt einen Mürbeteig wie auf Seite 13 beschrieben her. Stellt diesen in den Kühlschrank und gebt den Spargel ungeschält, aber gewaschen – nur von eventuell holzigen Enden befreit – in eine Auflaufform. Gebt das Olivenöl und den Balsamico darüber und würzt mit etwas Salz und Pfeffer. Verteilt ein paar Butterflöckchen über den Spargel und backt ihn nun im vorgeheizten Backofen bei 200 °C ca. 20 Minuten.

Rollt den Mürbeteig aus und legt ihn in eine runde Quicheform. Backt ihn mit dem Spargel im Ofen ca. 5 Minuten blind vor. Bröckelt den Feta in die vorgebackene Quicheform. Raspelt den Parmesan und vermengt ihn mit den Eiern, dem Schmand und dem Bärlauch in einem Messbecher; püriert alles gut durch. Schmeckt die Masse noch mit Salz und Pfeffer ab und gießt sie vorsichtig über den Feta.

Nehmt den Spargel aus dem Ofen und legt mit ihm nun ein Gitternetz in eure Form (Ich habe zuerst einige Spargelstangen horizontal hineingelegt und dann die vertikalen darüber. So ist das Muster beim Anschneiden hübscher). Backt die Quiche bei 180 °C ca. 30 Minuten und lasst sie nach dem Ende der Backzeit 10 Minuten bei Raumtemperatur stocken.

CHILI-SIN-CARNE-QUICHE

Nein, eigentlich versuche ich nicht, Fleischgerichte zu imitieren. Aber mein Freund kochte mir einmal ein superleckeres Chili mit Tofu und seitdem liebe ich es. Und noch lieber esse ich es als Quiche (und lasst euch eines sagen: Dieses Gericht überzeugt selbst Tofu-Skeptiker)!

Für 1 Quiche

TEIG
1 × Mürbeteig wie Seite 13

FÜLLUNG
1 Chilischote
1 Knoblauchzehe
1 weiße Zwiebel
250 g fester Räuchertofu
½ TL Oregano
1 Prise Cumin
1 kleine Dose Tomaten im eigenen
  Saft
ca. 100 ml hochwertiger, starker
  Espresso
1 Dose Kidneybohnen
ca. 50 g geriebener Käse
  (z.B. Bergkäse)

ZUBEREITUNG
Bereitet zuerst einen Mürbeteig wie auf Seite 13 beschrieben zu. Rollt ihn aus, gebt ihn in eine Quicheform und stellt ihn für eine halbe Stunde in den Kühlschrank. Backt den Mürbeteigboden anschließend blind ca. 15 Minuten im vorgeheizten Backofen bei 180 °C vor.
Die Chili, den Knoblauch und die Zwiebel fein hacken. Zerkrümelt den Tofu und bratet ihn mit der Chili, dem Knoblauch, der Zwiebel, dem Oregano und dem Cumin in der Pfanne kräftig an. Gebt die Dose Tomaten und den Espresso zum Tofu und lasst alles ein bisschen einköcheln. Nun nur noch die Kidneybohnen abgießen, abwaschen und ebenfalls zum Chili geben.
Die Chilimasse in die Quicheform füllen, etwas Käse darüberstreuen und nochmals im vorgeheizten Backofen bei 180 °C ca. 30 Minuten backen.

TOMATEN-
BROKKOLI-CRUMBLE

Bisher gab's Crumble bei mir nur süß – diese Zeiten sind nun ein für alle Mal vorbei. Ich wusste ja gar nicht, was ich verpasst habe!

Für 1 Crumble (Pieform)

FÜLLUNG
250 ml Tomatenpassata
1 Knoblauchzehe
1 EL Olivenöl
etwas Pfeffer
250 g Cherrytomaten
1 große Ochsenherztomate
½ Büffelmozzarella
200 g Brokkoliröschen, roh
je ½ EL Rosmarin, Oregano und
Basilikum

STREUSEL
50 g Vollkornmehl
70 g Haferflocken
50 g Quinoa, ungekocht
70 g Butter/Margarine
½ TL Salz
etwas Oregano
50 g geriebener Käse (z.B. Gruyère)

ZUBEREITUNG
Zuerst gebt ihr die Passata mit der gehackten Knoblauchzehe, dem Olivenöl und dem Pfeffer in eine Pieform. Nun die Cherrytomaten waschen, entstielen und halbieren. Die Ochsenherztomate entstielen, entkernen und klein schneiden. Den Büffelmozzarella ebenfalls klein schneiden.
Den Brokkoli waschen und in kleine Röschen brechen. Alles in die Pieform geben und mit der Passata vermengen. Die Kräuter fein hacken und über das Gemüse streuen.
Die Zutaten für die Streusel vermengen und über die Füllung krümeln. Bei 190 °C im vorgeheizten Backofen ca. 30–40 Minuten backen.

TIPP ⟶ Mit noch zusätzlich 70 g Zucker in den Streuseln und Apfelfüllung (250 ml Apfelmus, 3 Äpfel, 1 Prise Zimt) statt Tomaten und Brokkoli habt ihr ein superleckeres süßes Soulfood für stürmische Tage. Ja – der Käse kann in den Streuseln bleiben.

SPINAT-
QUINOA-BRATLINGE

Auf der Suche nach DEM Bratling für leckere Veggieburger experimentierte ich herum, und das hier kam dabei heraus. Feste Konsistenz und toller Geschmack – genau sowas will ich auf meinem Burger. Oder einfach so zwischendurch.

Für ca. 18 Bratlinge

BRATLINGE

300 g Blattspinat, TK oder frisch,
 nach dem Braten gewogen
1 Knoblauchzehe
1 TL Olivenöl
250 g Quinoa
2 Frühlingszwiebeln
wenn Saison: 5–6 Blätter Bärlauch
4 Eier
100 g geriebener Parmesan
1 TL Salz
200 g Paniermehl

JOGHURTSAUCE

200 ml Naturjoghurt
verschiedene frische Kräuter
 (z.B. Petersilie, Schnittlauch,
 Dill)
1 Prise Salz

ZUBEREITUNG

Wenn ihr TK-Spinat nehmt, lasst ihn zunächst auftauen und drückt ihn aus. Den Knoblauch hacken und den Spinat mit dem Knoblauch und dem Olivenöl anbraten. Kocht nebenbei die Quinoa nach Packungsanleitung und lasst sie dann gut abtropfen.
Hackt die Frühlingszwiebeln und ggf. den Bärlauch. Vermengt alle Zutaten und formt Bratlinge aus der Masse. Bratet sie von beiden Seiten bei mittlerer Hitze langsam knusprig braun an.
Gebt in der Zwischenzeit den Joghurt mit frischen Kräutern eurer Wahl in einen Messbecher und püriert alles. Würzt die Sauce mit etwas Salz und serviert sie zu den Bratlingen.

EDAMAME-DIP
(NEIN, NICHT EDAMER ...)

Edamame hören sich im ersten Moment exotisch an – das sind sie aber eigentlich gar nicht. Es sind einfach unreif geerntete Sojabohnen. Sie schmecken leicht nussig, und als Dip sind sie hervorragend.

Für 2–3 Personen

ZUTATEN

250 g Edamame (unreife Sojabohnen), ersatzweise frische
   Erbsenschoten
1–2 Avocados
1 kleine Zwiebel
Saft von ½ Limette
1 EL Basilikumpesto oder 6 große
   Basilikumblätter
1 TL Guacamolegewürz (z.B. von
   Fuchs)
100 g Schmand
Salz
Pfeffer
1 Prise geräuchertes Paprikapulver
2 Tomaten
Nachos

ZUBEREITUNG

Die Edamame oder Erbsenschoten kurz in kochendem Wasser blanchieren, danach mit kaltem Wasser abschrecken. Die Sojabohnen aus den Schoten pulen und drei Viertel davon in einen Mixer geben. Alle anderen Zutaten bis auf die Tomaten hinzufügen und so lange mixen, bis euch die Konsistenz gefällt. Ich mag meine Dips lieber cremig als stückig, aber das ist ja Ansichtssache.
Die Tomaten würfeln. Jetzt nur noch die restlichen Edamame und die Hälfte der Tomatenstücke unterheben, anrichten und mit den letzten Überbleibseln verzieren.

TIPP ⟶ Edamame gibt's mittlerweile in vielen gut sortierten Asia- oder Supermärkten in der TK-Abteilung.

RUSTIC
ONE POT PASTA

Bei der ganzen Idee der One Pot Pasta geht es darum, eigentlich alles sofort in einen Topf zu werfen, zu kochen und dann zu genießen. Ich mache hier eher die »fancy«-Version, bei der alles nach und nach in den Topf wandert – aber dafür umso leckerer ist!

Für 2–3 Personen

ZUTATEN

1 Zwiebel
1 Knoblauchzehe
2 EL Olivenöl
200 g Basilikumtofu
500 ml Gemüsebrühe
1 große Dose Tomaten
250 g ungekochte Nudeln
  (z.B. Spaghetti)
100 g Bergkäse
1 Frühlingszwiebel
Salz
Pfeffer nach Geschmack
1 TL Paprika de la vera

ZUBEREITUNG

Schält die Zwiebel und den Knoblauch, schneidet sie fein und bratet sie in etwas Olivenöl an. Gebt nun den Tofu dazu – dafür einfach mit der Hand über dem Topf zerbröseln. Alles scharf anbraten, mit der Gemüsebrühe und den Tomaten ablöschen, würzen und die Nudeln hinzugeben. Kocht nun alles ca. 8 Minuten, bis die Nudeln al dente sind. Immer mal wieder umrühren, damit nichts anbrennt.
Reibt währenddessen den Käse und schneidet die Frühlingszwiebel. Die Pasta mit Salz, Pfeffer und Paprika abschmecken. Serviert die Nudeln in einem tiefen Teller und gebt den Bergkäse und die Frühlingszwiebeln darüber.

TIPP ▸—▸ Man kann dieses Gericht eigentlich mit allem machen. Einfach alle Zutaten für die Nudeln in einen Topf, ausreichend Flüssigkeit hinzugeben und kochen. Wie wäre es z.B. mal einfach mit Basilikumpesto und ein paar frischen Tomaten?

MEXIKANISCHER
SEVEN-LAYERS-DIP

Diesen Dip habe ich schon in vielen Abwandlungen gemacht, und er war gerade bei Grillabenden immer sehr beliebt.

Für 5–6 Personen

REFRIED BEANS
1 Dose Kidneybohnen
2 Knoblauchzehen
etwas Olivenöl
1 TL Koriandergrün
1 TL Kreuzkümmel
¼ TL Cayennepfeffer
½ TL geräuchertes Paprikapulver
Salz
Pfeffer
125 ml Gemüsebrühe

GUACAMOLE
2 Avocados
Saft von 1–2 Limetten
1 TL Guacamolegewürz (z.B. von
 Fuchs)
etwas frischer Koriander
1 Frühlingszwiebel
Salz nach Geschmack

GARNITUR
Crème frâiche
Cheddar oder Bergkäse
Tomaten
Oliven und milde Pfefferonen
Frühlingszwiebeln

AUSSERDEM
1 Glas Hot Salsa
Tortillachips/Nachos

ZUBEREITUNG
Die Kidneybohnen im Mixer klein mixen oder nur mit einer Gabel zerdrücken. Die Knoblauchzehen schälen und klein hacken. Das Bohnenmus mit etwas Olivenöl in einer Pfanne anbraten, dabei die Gewürze und die Brühe hinzugeben und köcheln lassen, bis eine dipähnliche Konsistenz entsteht. Die Masse etwas abkühlen lassen.

Jetzt einen großen Teller nehmen und als Erstes die Refried Beans auf dem Teller verteilen. Dann die Hot Salsa vorsichtig darübergeben und verteilen (aber einen ca. 1–2 cm breiten Rand lassen, damit die Optik nicht zu kurz kommt!).

Jetzt die Guacamole zubereiten. Dazu alles in einen Mixer geben, schön cremig mixen und vorsichtig über der Salsa verteilen – wieder einen Rand lassen! Die Crème frâiche als Topping obendrauf geben, den Käse fein reiben und darauf verteilen. Nun noch die Tomaten entkernen und würfeln, die Oliven und die Pfefferonen klein schneiden und die Frühlingszwiebeln hacken. Anschließend alles darauf verteilen und vor dem Servieren für ca. ½–1 Stunde in den Kühlschrank stellen.

 TIPP ⟶ Dazu reiche ich gerne Nachos, allerdings passt ein Baguette auch hervorragend.

WARM
MARINIERTE ZITRONENOLIVEN

Vor längerer Zeit war ich in einem dalmatinischen Restaurant, und wir bekamen als Gruß aus der Küche superleckere eingelegte Oliven. Durch Fragen bekam ich heraus, dass es warm marinierte Oliven waren – mit einer so dermaßen leckeren Zitronennote, dass ich mich am liebsten dort hineingelegt hätte. Aber von warm marinierten Oliven hatte ich bisher noch nie gehört. Das Rezept, welches ich ein paar Tage später entwickelte, wurde mein Standard und ist seitdem bei meinen Gästen immer sehr beliebt.

Für ca. 2 Gläser à 250 ml

ZUTATEN
300 g grüne kernlose Oliven
  (je kleiner, desto besser)
100 ml frischer Zitronensaft
50 ml Olivenöl extra vergine
50 ml Wasser
1 Prise Salz
3 Knoblauchzehen
1 Zweig Rosmarin
1 Bio-Zitrone

ZUBEREITUNG
Zuerst die Oliven waschen und in etwas Leitungswasser mit einem Spritzer Zitronensaft einlegen (neutralisiert, falls die Oliven in einer Lake eingelegt waren). Danach das Olivenöl, das Wasser, den restlichen Zitronensaft und 1 Prise Salz in eine große Pfanne geben. Den Knoblauch schälen, in Scheiben schneiden, den Rosmarin waschen und die Nadeln abzupfen. Den Knoblauch und die Rosmarinnadeln mit in die Pfanne geben und die Mischung langsam erhitzen.
In der Zwischenzeit die Zitrone waschen und in ca. 0,5 cm dicke Scheiben schneiden. Diese Scheiben vierteln. Wenn die Mischung kocht, die Hitze reduzieren, die Oliven abgießen und in den Sud geben. Kurz (ca. 1 Minute) köcheln lassen. Jetzt die Zitronenscheiben unterheben und alles noch heiß in ein ausreichend großes Schraubglas füllen. Sofort verschließen und abkühlen lassen. Der Deckel sollte ein Vakuum ziehen. Am besten schmecken sie, wenn sie ein paar Tage durchziehen konnten.

TIPP ⟶ Diese Oliven sind perfekt zum Verschenken und halten sich auch angebrochen im Kühlschrank mehrere Wochen. Dann aber immer darauf achten, dass die Oliven von Flüssigkeit bedeckt sind (zur Not etwas Olivenöl darübergeben) und vor dem Verzehr auf Schimmel untersuchen!

AUBERGINEN-PIZZA

Auberginenpizza ist die leckere und saftige Low-Carb-Variante der Pizza – ich serviere sie ja gern mit krossem Bauern- oder Zwiebelbrot und einem Salat. Dann ist mein Essen zwar nicht mehr Low Carb ... Aber wen stört das schon?!

Für 2–3 Personen

ZUTATEN
1 große Aubergine
Salz
1 kleine Dose Tomaten
2 Knoblauchzehen
½ TL Basilikum
50 g kräftiger Käse, z.B. Cheddar

OPTIONAL
Pfefferonen und Cherrytomaten
frisches Basilikum

ZUBEREITUNG
Schneidet die Aubergine in ca. 1 cm dicke Scheiben und salzt sie von beiden Seiten. Lasst sie ca. 15 Minuten Wasser ziehen und tupft dann mit einem Küchentuch das überschüssige Wasser ab. Stellt in der Zwischenzeit aus den Tomaten, dem gehackten Knoblauch, dem gehackten Basilikum und einer Prise Salz eine leckere Tomatensauce her und lasst sie auf mittlerer Flamme etwas köcheln.
Reibt den Käse eurer Wahl (ich nehme hier gern Cheddar). Legt die Auberginenscheiben auf ein mit Backpapier ausgelegtes Backblech, verteilt dann jeweils 1–2 EL Sauce auf ihnen und streut etwas Käse darüber. Wer möchte, legt noch klein geschnittene Pfefferonen und Cherrytomaten darauf.
Alles im vorgeheizten Backofen bei 200 °C ca. 15 Minuten backen, mit frischem Basilikum garnieren und mit etwas Brot sowie einem leckeren Salat servieren.

TIPP ► Schmeckt auch am nächsten Tag noch super! Einfach wieder etwas im Ofen erwärmen und auf eine getoastete und gebutterte Bauernbrotscheibe legen. Herrlich ...

BLÄTTERTEIG-
ECKEN MIT BBQ-ZWIEBELN

Mein Freund und ich haben vor Urzeiten mal zusammen eine Menge Fingerfood für seine Geburtstagsfeier hergestellt. Wir standen stundenlang in der Küche, und alles war dann so schnell aufgegessen … Menschen, die noch nie Fingerfood für eine Party vorbereitet haben, wissen gar nicht, was das für eine Arbeit sein kann – aber hier gebe ich euch eines der schnellsten und leckersten Rezepte von damals.

Für 6 Stück

ZUTATEN

1 Rolle Blätterteig aus der
 Kühltheke
5–6 EL BBQ-Sauce wie Seite 47
1–2 kleine Zwiebel(n)
ca. 100 g Haloumi
ca. 50 g Cherrytomaten
ca. 2 EL Basilikumpesto

ZUBEREITUNG

Rollt eine Packung Blätterteig aus und schneidet ihn in 12 Stücke/Rechtecke. Nehmt ein Trinkglas mit einem Durchmesser eurer Wahl, es sollte auf jeden Fall in das Teigrechteck passen. Stecht nun aus 6 Teigstücken einen Kreis aus. Bestreicht die Teiglinge ohne Loch mit etwas BBQ-Sauce und legt die Quadrate mit dem Loch dann auf die noch ganzen Quadrate.
Schneidet die geschälten Zwiebeln in dünne Ringe und bratet sie zusammen mit der restlichen BBQ-Sauce scharf an. Schneidet den Haloumi in kleine Würfel, halbiert die Cherrytomaten und gebt jeweils einen Klecks Basilikumpesto auf die Hälften. Legt nun zuerst die Zwiebeln auf die Blätterteigrechtecke, danach den Haloumi und setzt die Cherrytomatenhälften ebenfalls (dekorativ) darauf. Backt die Blätterteigecken nun im vorgeheizten Backofen bei 180 °C ca. 15 Minuten.

TIPP ▶—▶ Schmeckt superlecker zu einem Grünkohl-salat (Seite 55)!

CHRISTINAS
MINI-BURRITOS

Ich liebe Burritos, seit ich sie mit meiner Mutter zusammen in Berlin zum ersten Mal gegessen habe. Wir waren damals im Dezember dort und sind dafür extra weit mit der U-Bahn gefahren. Als wir dann auf einer Gartenparty bei Nachbarn eingeladen waren, hatte ich die Idee: Mini-Burritos als Fingerfood. Ich muss nicht dazu sagen, dass sie ziemlich schnell weg waren, oder? Ich hätte die doppelte Menge machen sollen .

Für 32 Stück

ZUTATEN

ca. 300 g gekochter Reis (vom Vortag ist super!)
1 kleine Dose schwarze oder Kidney-Bohnen
Salz
1 kleine Zwiebel
250 g fester Räuchertofu
etwas Öl
1 kleine Dose gehackte Tomaten
Pfeffer
1 TL Paprika de la vera
½ TL Cumin
Chilipulver nach Geschmack
ca. 100 g Chinakohl-Kimchi, klein geschnitten (Rezept Seite 34)
ca. 50 g geriebener kräftiger Käse nach Wahl
1 Pk. (ca. 8 Stück) große Wrap-Tortillas (z.B. mit Leinsamen)
Guacamole (Rezept Seite 104)
etwas saure Sahne oder Schmand

ZUBEREITUNG

Vermengt den Reis mit den abgetropften und abgewaschenen Bohnen aus der Dose. Würzt die Mischung mit etwas Salz.
Schält nun die Zwiebel und schneidet sie klein. Zerkrümelt den Räuchertofu. Bratet beides mit ein bisschen Öl in einer Pfanne scharf an. Gebt die Tomaten hinzu und lasst alles ein bisschen köcheln. Würzt eure Mischung kräftig und schmeckt sie ab. Etwas Kimchi gibt dem Ganzen nochmal eine ganz andere Würze, also ab damit in die Pfanne. Köchelt die Mischung so lange, bis ein Großteil der Flüssigkeit verkocht ist. Reibt den Käse. Stapelt nun eure Tortillas übereinander und schneidet sie mit einem Pizzaroller in 4 gleich große Dreiecke. Nehmt nun ein Viertel und gebt jeweils ca. ½ EL Reis, Tofufüllung und Käse auf das breite Stück, klappt die Seiten ein und rollt den Burrito zum dünnen Ende hin ein. Mit dem Endstück (Spitze) nach unten setzt ihr sie nun auf ein Backblech mit Backpapier. Schön eng aneinander, damit sie nicht wieder aufgehen. Backt sie dann im vorgeheizten Backofen bei 180 °C ca. 10 Minuten und lasst sie vor dem Servieren komplett auskühlen. Bereitet in der Zwischenzeit die Guacamole zu und gebt kurz vor dem Servieren jeweils einen Klecks Guacamole und saure Sahne auf jeden Burrito.

> **TIPP** → Sollten Reis und Tofufüllung übrig bleiben: Einfach zusammen in einer Pfanne anbraten und genießen!

KAPITEL 5

HÄNDE:
Kneten & Backen

▸⟶ Mit unseren Händen machen wir die tollsten Dinge, und wer konnte schon ahnen, dass ein Daumen uns einmal an die Spitze der Nahrungskette bringen würde. Dieses Kapitel handelt davon, was ihr alles mit euren Händen anstellen könnt: kneten, rühren, füllen, hacken ... Die Liste ist lang. Ich bin dafür, dass ihr auch mal einen Blick auf die Hände eurer Mitmenschen riskiert. In jungen Jahren glatt, erzählen sie im Laufe eines Lebens immer mehr Geschichten.

Sie sind Ausdrucksmittel, wenn wir aufgeregt sind. Sie spenden Trost, wenn sie auf Schultern gelegt werden. Hände sind die Hilfsmittel, die in keiner Küche fehlen sollten.

MONKEYBREAD
MIT DILL & ZITRONE

Monkeybread kenne ich eigentlich immer nur süß mit ganz viel Zucker und Zimt. Ich dachte mir aber, dass es herzhaft mindestens genauso gut schmecken muss. Und was soll ich sagen – genauso ist es.

Für 1 Brot (Gugelhupfform)

ZUTATEN
½ Würfel Hefe
20 ml warmes Wasser
1 Prise Zucker
1 Ei
3 EL Olivenöl
230 ml Milch
450 g Mehl
1 TL Salz
etwas Chilipulver (nach Geschmack)
ca. 100 g weiche Butter
3 EL frischer gehackter Dill
2 EL gehackte Zitronenschale
2 TL Meersalz

ZUBEREITUNG
Vermengt die Hefe mit dem warmen Wasser und der Prise Zucker. Stellt sie beiseite. Nehmt einen Messbecher und vermischt das Ei, das Olivenöl und die Milch miteinander. Das Mehl, das Salz und das Chilipulver in eine Rührschüssel geben, die Hefe- und die Ei-Mischung hinzugeben und vermengen, bis ein glatter Teig entstanden ist. 30 Minuten an einem warmen Ort gehen lassen.
Vermengt in der Zwischenzeit die Butter mit dem Dill und den Zitronenzesten. Das Meersalz unterrühren. Nehmt nun jeweils etwas Teig, rollt ihn zu einer Kugel, wälzt diese in der Butter und gebt sie in eine gefettete Gugelhupfform. Wenn der ganze Teig aufgebraucht ist, backt das Monkeybread im vorgeheizten Backofen bei 180 °C ca. 35 Minuten (Stäbchenprobe!). Lasst es in der Form auskühlen, dann könnt ihr es stürzen und auf einem Teller servieren.

 TIPP ⟶ Gerade in der Grillsaison beim Grillen mit Freunden und Familie ist dieses Brot als Beilage super geeignet.

BRÖTCHENRING
MIT BRIE

Auf der Suche nach DEM Brotsnack für den Familiengrillabend stolperte ich über diese Idee und fand sie hervorragend. Warmer Käse ... Fluffiges Brot ... Herrlich.

Für 1 Brötchenring

TEIG

½ Würfel Hefe oder 7 g Trockenhefe
20 ml warmes Wasser
1 Prise Zucker
500 g Mehl
1 TL Salz
200 ml Milch
1 Ei
3 EL Olivenöl
2 EL frischer Rosmarin oder
 Schnittlauch

AUSSERDEM

1 Knoblauchzehe
1 EL Olivenöl
1 großer Brie im Holzschälchen

ZUBEREITUNG

Vermengt die Hefe mit dem warmen Wasser und der Prise Zucker. Gebt alle Zutaten für den Teig samt Hefe in eine Rührschüssel und knetet mit einem Knethaken, bis ein glatter Teig entstanden ist. Lasst den Hefeteig nun 1 Stunde an einem warmen Ort gehen. Nach der Stunde knetet ihr den Teig nochmals kräftig durch.
Stellt den Brie in seinem Holzschälchen mittig in eine runde Quicheform mit ca. 28 cm Durchmesser. Formt nun aus dem Teig kleine Bällchen und legt sie im Kreis um das Holzschälchen herum. Sobald der ganze Teig aufgebraucht ist, deckt ihr die Form mit einem sauberen Geschirrtuch ab und lasst ihn nochmals eine halbe Stunde gehen.
Nun schält ihr den Knoblauch, hackt ihn klein und vermengt ihn mit dem Olivenöl. Bestreicht die kleinen Teigbällchen mit dem Knoblauchöl. (Bis hierhin könnt ihr den Brötchenring gut vorbereiten und erst bei Bedarf in den Ofen schieben.) Backt den Brötchenring bei 180 °C ca. 25–30 Minuten. Noch warm servieren und zum netten Grillabend mitbringen.

 **TIPP** ⟶ Ofenkäse, schön und gut. Aber kauft lieber einen normalen Brie im Holzschälchen. Die sind günstiger, um Einiges cremiger und lassen sich genauso gut backen und nachher zum Dippen verwenden.

BUTTERMILCH-
SANDWICHBROT

Ich liebe Sandwiches und könnte sie jeden Tag essen. Noch besser schmecken sie natürlich mit einem frischen Buttermilchbrot aus dem Ofen. Ich schwöre euch, probiert es einmal und ihr wollt nie wieder ein anderes.

Für 2 Laibe

ZUTATEN
30 g frische Hefe
75 ml warmes Wasser
½ TL Honig
610 g Mehl
2 TL Salz
350 ml Buttermilch
2 TL Olivenöl

ZUBEREITUNG
Vermengt die Hefe mit dem warmen Wasser und dem Honig und lasst sie 5 Minuten in Ruhe. Gebt dann alle Zutaten in eine Rührschüssel und knetet den Teig mit einem Knethaken, bis ein glatter Teig entstanden ist. Lasst den Hefeteig nun 1 Stunde an einem warmen Ort gehen. Knetet den Teig nochmals kräftig durch. Ihr habt nun zwei Möglichkeiten:

VARIANTE 1: Teilt den Teig in zwei Hälften, rollt ihn aus, rollt ihn zu festen Rollen ein, legt die Rollen mit der Naht nach unten in zwei Kastenformen und lasst die beiden Rohlinge dann nochmals 1 Stunde geben. Schneidet die Brotrohlinge mit einem scharfen Messer oben der Länge nach ein. Backt sie dann im vorgeheizten Backofen bei 180 °C ca. 30–40 Minuten goldbraun.

VARIANTE 2 – FRISCHES BROT ZUM FRÜHSTÜCK: Teilt den Teig in zwei Hälften, rollt ihn aus, rollt ihn zu festen Rollen ein, legt sie in zwei Kastenformen und wickelt Frischhaltefolie darum. Stellt beide Formen dann über Nacht in den Kühlschrank. Sie werden gut aufgehen, aber durch die Frischhaltefolie trocknet der Teig nicht aus. Am nächsten Morgen schneidet ihr die Laibe mit einem scharfen Messer der Länge nach ein und backt sie bei 180 °C ca. 30–40 Minuten goldbraun.

TIPP ⟶ Am nächsten Tag könnt ihr das Brot gewürfelt in der Pfanne anbraten (oder im Ofen rösten), um leckere Croûtons oder einen tollen Brotsalat mit Tomaten, frischem Basilikum und Büffelmozzarella herzustellen!

GEFÜLLTES OHRENBROT

Ich muss zugeben, Ohrenbrot hört sich im ersten Moment etwas putzig an. Aber es ist so lecker, und ich finde schon, dass die Einzelteile dieses Brotes wie kleine Öhrchen aussehen ...

Für 1 Form mit 26 cm Durchmesser

TEIG

250 g Magerquark
6 EL Sonnenblumenöl
6 EL Milch
400 g Mehl
½ Pk. Backpulver
1 TL Salz
2 EL frische Oreganoblättchen

FÜLLUNG

200 g Feta
50 g Parmesan
5–6 frische Minzblättchen
5–6 frische Basilikumblättchen
250 g Cherrytomaten
1 Prise Bärlauchsalz

ZUBEREITUNG

Gebt alle Zutaten für den Teig in eine Küchenmaschine mit Knethaken und knetet so lange, bis ein geschmeidiger Teig entstanden ist.

Zerbröselt den Feta, reibt den Parmesan, schneidet die Kräuter klein und entkernt die Cherrytomaten. Schneidet sie in Stücke und vermengt alles miteinander. Das Bärlauchsalz hinzufügen. Rollt den Teig ca. 0,5 cm dick aus. Nehmt nun eine runde Ausstechform (ca. 4 cm Durchmesser) und stecht so viele Kreise wie möglich aus (den Rest wieder zusammenkneten und die Prozedur wiederholen). Holt nun eine Pie- oder Quicheform (ca. 26 cm Durchmesser) und legt in die Mitte jedes Kreises ca. einen Teelöffel voll Füllung. Klappt beide Seiten zusammen und stellt das Teigstück halbkreisförmig in die Form. Fangt außen an und arbeitet euch nach innen vor. Sobald der ganze Teig aufgebraucht und die Form voll ist, backt ihr euer Ohrenbrot bei 180 °C ca. 30 Minuten im vorgeheizten Ofen.

 TIPP ▸— Ich füge hier gern etwas Bärlauchsalz hinzu. Dafür sammle ich im Frühjahr einfach etwas mehr Bärlauch, dörre ihn etwas in meinem Dehydrator und vermische ihn mit Meersalz. Dann nur noch mit dem Mixer klein mixen, nochmals etwas dehydrieren, und schon hat man das ganze Jahr über leckeres Bärlaucharoma.

FRÜHSTÜCKSRING

Manchmal soll's am Wochenende etwas Besonderes sein – aber es muss trotzdem fix gehen. Also kommt auch mal ein Fertigprodukt zum Einsatz – das finde ich ab und an gar nicht schlimm. Hier also meine Variante eines tollen Sonntagsfrühstücks.

Für bis zu 6 Personen

ZUTATEN

1 Pk. Mehrkornbrötchenteig für
 6 Brötchen (z.B. Knack & Back
 aus dem Kühlregal)
4 Eier
2 EL Milch
Salz
Pfeffer
frischer Schnittlauch
6–8 Cherrytomaten
ca. 30 g geriebener Käse

ZUBEREITUNG

Rollt zuerst die Teiglinge aus. Ihr braucht ein rundes (möglichst großes) Teigstück, und die anderen fünf rollt ihr länglich aus und schneidet sie vertikal durch, sodass zehn Teigstreifen entstehen. Legt den runden Teigling auf ein mit Backpapier ausgelegtes Backblech. Legt nun alle 10 Teigstreifen kreisförmig daran (ein Ende wird am runden Teigstück festgemacht, das andere ragt übers Blech hinaus).

Nun ist es Zeit fürs Rührei. Vermischt dafür die Eier mit der Milch und würzt diese Masse nach eurem Geschmack. Bratet das Ei nun in einer Pfanne (aber nicht durchbraten, lieber ein bisschen »feuchter« lassen), zerkleinert es etwas und gebt den Schnittlauch darüber. Verteilt das Ei kreisförmig auf dem Teigling, lasst allerdings in der Mitte einen Kreis frei. Schneidet die Cherrytomaten klein und verteilt sie auf dem Ei. Gebt noch etwas geriebenen Käse darüber.

Nun kommt der finale Schritt. Zieht nun die länglichen Teigstücke über die Füllung in die Mitte und drückt sie dort fest (steckt zur Not noch einen Zahnstocher in die Mitte). Backt den Frühstücksring im vorgeheizten Ofen bei 180 °C ca. 20–25 Minuten goldbraun und serviert ihn noch warm.

TIPP ⟶ Perfekt zum Brunchen!

KÄSE-
KRÄUTER- FALTENBROT

Es soll wirklich Menschen geben, die kommen ohne Kohlenhydrate klar. Ich gehöre absolut nicht dazu, und wenn mich mal wieder die Brotlust packt, backe ich mir einfach dieses hier. Zupf- oder Faltenbrote waren eine Zeit lang auf jedem Blog zu finden. Sie sind eigentlich ziemlich genial (vor allem meine Version ohne Hefe), denn man braucht absolut kein Messer, hat die perfekten Scheiben und schnell zubereitet ist's auch noch – ohne lästige Wartezeit.

Für 1 Brot

BROT
200 g geriebener Cheddar
400 g Mehl
200–250 ml Wasser oder Buttermilch
2 TL Salz
1 Pk. Backpulver

PESTO
2 Knoblauchzehen
ca. 70–100 g frische Kräuter nach
 Wahl (z.B. Petersilie, Dill,
 Schnittlauch und Basilikum)
2 EL Olivenöl
1 TL Salz
1 TL Pfeffer
1 Prise Chilipulver

ZUBEREITUNG
Alle Zutaten für das Brot in eine Küchenmaschine geben und gut durchmischen. Den Ofen auf 180 °C vorheizen. Den Teig ca. 1–2 cm dick ausrollen.
Jetzt das Pesto zubereiten und dafür alle Zutaten in einen Messbecher geben und gut durchpürieren. Das Pesto nun gleichmäßig auf dem Teigfladen verteilen und den Teig in etwa gleichgroße Quadrate schneiden. Diese Quadrate nun übereinander stapeln. Wenn der ganze Teig gestapelt ist, transferiert ihr dieses Gebilde in eine ausreichend große und gebutterte Kastenform. Das Brot nun ca. 50 Minuten backen, eventuell nach 30 Minuten abdecken. Die Stäbchenprobe nicht vergessen! Komplett auskühlen lassen und in den siebten Käsebrothimmel fliegen.

TIPP ⟶ Ich mache dieses Brot auch gerne mit Kimchi-Füllung. Dafür einfach statt Pesto Kimchi auf dem Teig verteilen. Am nächsten Tag schmeckt dieses Brot getoastet fast noch köstlicher.

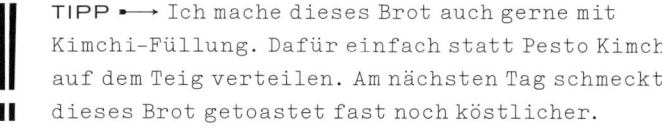

OVERNIGHT
CINNAMON BUNS

Das hier ist auch wieder ein Rezept, welches aus purer Faulheit entstanden ist. Ich liebe es, fürs Sonntagsfrühstück etwas Besonderes vorzubereiten. Diese Zimtschnecken kann man super am Samstagabend vorbereiten und muss sie Sonntagmorgen einfach nur noch schlaftrunken in den Ofen schieben. Fertig. Danach kann man wunderbar luftige Zimtschnecken genießen. Gibt's etwas Besseres?

Für ca. 10–12 Cinnamon Buns

ZUTATEN
½ Würfel Hefe
20 ml warmes Wasser
1 Prise Zucker
50 g brauner Zucker
450 g Mehl
1 Prise Salz
200 ml Milch
1 Ei

FÜLLUNG
100 g zimmerwarme Butter
50 g brauner Zucker
50 g weißer Zucker
2 TL Zimt

GUSS (OPTIONAL)
1 Eiweiß
ca. 100 g Puderzucker
1 TL Zitronensaft

ZUBEREITUNG
Die Hefe mit dem lauwarmen Wasser und einer Prise Zucker auflösen und beiseite stellen. Alle anderen Zutaten in eine Schüssel geben und mit der Hefemischung verkneten. Den Teig jetzt auf einer bemehlten Arbeitsfläche ausrollen.
Die Butter mit dem Zucker und dem Zimt vermengen und den Teig damit bestreichen. Den Teig von der langen Seite her aufrollen und in ca. 3–4 cm dicke Scheiben schneiden. Jetzt habt ihr zwei Möglichkeiten: Entweder nehmt ihr 1–2 Muffinbleche, buttert die einzelnen Mulden und legt jeweils eine Teigscheibe dort hinein. Oder ihr nehmt eine runde Backform mit ca. 26 cm Durchmesser und legt alle kreisförmig dort hinein. Stellt die Zimtrollenrohlinge dann über Nacht fest mit Frischhaltefolie umwickelt (lieber eine Schicht mehr!) in den Kühlschrank. Am nächsten Morgen dann nur noch in den auf 180 °C vorgeheizten Ofen geben und ca. 30–40 Minuten backen.
Optional könnt ihr noch ein Eiweiß mit dem Puderzucker und dem Zitronensaft vermengen und das als Guss über die Zimtschnecken geben. Dafür müssen sie allerdings abgekühlt sein.

DIE PERFEKTE
PIZZA MARGHERITA

Die für mich perfekte Pizza habe ich nach einer Italien-Rundreise kreiert. Dort konnte ich wirklich leckere Pizzen essen und daher habe ich auch gemerkt, dass eine Pizza keinen dicken Boden und keinen fetten Belag braucht. Simpel ist oft das Beste. Allerdings ist diese Pizza nicht husch, husch gemacht. Qualität braucht Zeit.

Für 2 Pizzen

SAUCE
2 Knoblauchzehen
1 EL Olivenöl
1 große Dose Tomaten
½ TL Salz

TEIG
½ Würfel Hefe
etwas lauwarmes Wasser
1 Prise Zucker
300 g Mehl
200 ml Wasser
6 g Salz
2 EL Olivenöl

AUSSERDEM
1–2 Büffelmozzarella(s)
etwas frisches Basilikum

ZUBEREITUNG

Am Tag vorher wird die Sauce gekocht. Dafür die Knoblauchzehen hacken und mit etwas Olivenöl in einem Topf anbraten. Die Tomaten aus der Dose sowie das Salz hinzugeben und bei mittlerer Hitze ca. 1 Stunde auf kleiner Flamme köcheln lassen. Kühl stellen bis zum nächsten Tag.

Für den Teig die Hefe in etwas lauwarmem Wasser mit einer Prise Zucker auflösen. Die restlichen Zutaten in eine Schüssel geben, die Hefe unterrühren und sehr gut durchkneten, bis ein geschmeidiger Teig entstanden ist. Den Teig ca. 2 Stunden ruhen lassen, zwischendurch am besten mal die Luft aus dem Teig kneten.

Danach den Ofen auf mindestens 250 °C (höher ist immer besser!) vorheizen und das Backblech unbedingt dabei im Ofen belassen. Den Teig nun in zwei Teile teilen und jeweils rund ausrollen. Je einen Teigling auf ein Backpapier legen, etwas Sauce darauf verteilen, Büffelmozzarella darüberzupfen und nur mit dem Backpapier in den Ofen auf das heiße Blech legen. Nun die Pizza gut im Auge behalten – sie braucht nur etwa 6–10 Minuten. Zum Abschluss etwas gehacktes Basilikum (und wer will noch ein bisschen frischen Büffelmozzarella) darübergeben, und schon könnt ihr eine genial leckere Pizza genießen.

TIPP ⟶ Versucht auch einmal Büffelmozzarella: Er kostet zwar rund das Dreifache von Mozzarella aus Kuhmilch, aber es ist auch ein Unterschied wie Tag und Nacht. Büffelmozzarella ist um Einiges cremiger und hat viel mehr Geschmack ... Ich würde nie wieder Kuhmilchmozzarella kaufen.

GEFLOCHTENES
SPINATBROT

Ich liebe die Kombination von Spinat und Feta und als Brotfüllung, mit einem kleinen Spezialeffekt für den »Wow-Faktor«, ist dieses Dreamteam wirklich unschlagbar.

Für 1 Brot

TEIG
250 g Magerquark
6 EL Sonnenblumenöl
6 EL Milch
400 g Mehl
½ Pk. Backpulver
2 TL Salz

FÜLLUNG
1 kg frischer Spinat (oder 500 g TK-Blattspinat)
1 Zwiebel
etwas Olivenöl
Salz
Pfeffer
200 g Feta
100 g Schmand

ZUBEREITUNG

Für den Teig einfach alle Zutaten in eine Schüssel geben und so lange verkneten, bis ein schöner glatter Teig entstanden ist. Legt ihn unter ein feuchtes Tuch, damit er nicht austrocknet, während ihr die Füllung zubereitet.

Dafür den Spinat waschen und grob hacken (bei TK-Blattspinat: auftauen lassen und ausdrücken). Die Zwiebel schälen, fein hacken und in einer Pfanne mit etwas Olivenöl anbraten. Den Spinat dazugeben und anbraten, bis alles zusammengefallen ist. Mit Salz und Pfeffer würzen und den Feta hineinbröseln. Den Schmand ebenfalls hinzugeben und gut durchmischen. Jetzt den Teig nochmals kräftig durchkneten und auf einer bemehlten Arbeitsfläche ca. 0,5 cm dick ausrollen. Auf ein mit Backpapier ausgelegtes Backblech legen. Die Füllung vertikal in die Mitte des Teigs geben. Nun entlang der Füllung die seitlichen Teile des Teigs horizontal einschneiden. Abwechselnd jeweils einen Strang über die Füllung auf die andere Seite legen und festdrücken, sodass ein Flechtmuster entsteht. Backt das Brot im vorgeheizten Backofen bei 180 °C ca. 30 Minuten.

 TIPP ▸— Wer mit dem Flechten nicht ganz klar kommt, schaut am besten mal auf Pinterest und gibt »Braided Bread« ein – da findet ihr ausführliche und bebilderte Anleitungen.

REGISTER

DANKSAGUNG

♥ Hachja. Danke sagen wir alle eigentlich viel zu wenig – und daher erstmal DANKE an den Thorbecke Verlag & das ganze Team und natürlich alle meine Leser! Nur mit euch war das hier möglich und dafür bin ich mehr als dankbar.

♥ Aber ohne diese Menschen wäre so ein Projekt wie dieses hier nicht denkbar gewesen: Meine Familie.

♥ Da wäre meine Mutti, ohne deren Liebe und Unterstützung ich nicht die Person wäre, die ich bin & ohne deren *hierbeliebigeBackzutateinsetzen*-Soforthilfe dieses Buch auf keinen Fall entstanden wäre. Danke!

♥ Und natürlich mein Paps, der tapfere Päckchenannehmer, heroische Baumscheibenschneider & Allzeit-Alleskönner. Danke!

♥ Und meine Schwester Caroline, die immer für mich da ist, mir die süßesten Nichten und Neffen schenkt und mit der ich über alles reden kann. Danke!

♥ Und meinem Björn möchte ich danken für seine Liebe, Unterstützung, unerschöpfliche Geduld, handwerklerischen Fähigkeiten und seinen Hunger. Danke!

♥ Ihr seid die Kirschen auf meinem Sahnehäubchen & ich bin so glücklich und dankbar, euch meine Familie nennen zu dürfen.

♥ Besten Dank auch an Björn und Rosi für die schnelle und unkomplizierte Fotohilfe. Auf euch ist Verlass.

♥ Und herzlichen Dank an Mel, die keinen Raumteiler beantragt hat.

DIE AUTORIN

Christina Heß, Jahrgang 1990 aus Kassel, im echten Leben Bürofee bei der Justiz, ist seit über 3 Jahren Foodbloggerin aus Leidenschaft. Neben ihrem Blog liebt sie ihre Familie, Heavy Metal Musik und ist ständig unterwegs (sie stand z.B. bei Williams & Kates Hochzeit in der 1. Reihe vor der Westminster Abbey). Auf ihrem Blog **Christina macht was** schreibt und berichtet sie über all die Dinge, die ihr schmecken, und nimmt auch bei heikleren Themen kein Blatt vor den Mund.